FERRAMENTAS PARA GESTÃO DE RESULTADOS

Mário Tabosa Filho
Tarcyo Alves

Objetivo
Divulgação de ferramentas de gestão.
Integração das ferramentas apresentadas.
Padronização de procedimentos.
Busca da eficácia na gestão

Controle de qualidade
Ferramentas diagnósticas
Análise SWOT
Grupo focal
Survey

Gerenciando Resultados
Diagrama de Causa e Efeito
Gravidade Urgência e Tendência
Brainstorming (sugestões)
5W2H
Gráfico de Gant
Avaliação

senac

SENAC • Serviço Nacional de Aprendizagem Comercial-DF

PRESIDENTE DO CONSELHO REGIONAL
Adelmir Santana

DIRETOR REGIONAL
Luiz Otávio da Justa Neves

EDITORA SENAC DISTRITO FEDERAL

Coordenador
Luiz Otávio da Justa Neves

Editora-chefe
Bete Bhering (mariabh@senacdf.com.br)

Coordenação Comercial
Antonio Marcos Bernardes Neto (marcos@senacdf.com.br)

Coordenação Editorial
Gustavo Coelho (gustavo.souza@senacdf.com.br)

Equipe da Editora
Bete Bhering
Gustavo Coelho
Nair Ofuji
Victoria Haidamus

EDITORA SENAC-DF
SIA Trecho 3, lotes 625/695, Shopping Sia Center Mall - Loja 10
CEP 71200-030 - Guará - DF | Telefone: (61) 3313.8789
e-mail: editora@senacdf.com.br
home page: www.editora.senacdf.com.br

NESTA EDIÇÃO

Capa | Projeto gráfico
Gustavo Coelho
Victória Haidamus

Diagramação
Gustavo Coelho

Revisão
Editorar

Revisão de prova
Nair Ofuji

Ficha Catalográfica

T114f

Tabosa Filho, Mário.

Ferramentas para gestão de resultados / Mário Tabosa Filho; Tarcyo Tomyres Gonçalves Alves - Brasília: Senac-DF, 2013.

Inclui Bibliografia

112 p.:il.

ISBN: 978-85-62564-30-7

1. Gestão de Resultados. 2. Administração. I.Tabosa Filho, Mário. II. Alves, Tarcyo Tomyres Gonçalves. Título.

CDU 658

Senac DF

FERRAMENTAS PARA GESTÃO DE RESULTADOS

Mário Tabosa Filho
Tarcyo Alves

Senac

Dedicatória

Autor Mário Tabosa:
Sônia, esposa,
companheira abnegada;
Milena, Mayra, Mayara,
Lívia e Lara, filhas;
Detinha, minha mãe,
exemplo de determinação
e fé; In Memorian a
Mário Tabosa, meu pai,
entusiasta e empreendedor
nato.

Autor Tarcyo Alves:
In Memorian ao maior de todos os Gestores que conheci: José Xavier Alves, meu pai e exemplo;
Ao maior exemplo de vida que tive, Rubia Ivanise, minha mãe.

Prefácio

Desde logo, aproveito para chamar a atenção sobre o aspecto de maior relevância nesta obra: o seu enfoque prático.

De facto, não é necessário ter formação na área para utilizar as ferramentas de gestão de resultados constantes deste livro, dada a sua abordagem simples e direta, o queo torna acessível a um público mais vasto, sendo que os temas poderão ser posteriormente aprofundados pelo leitor para obter um quadro de análise mais completo.

Num contexto de elevada turbulância, cada vez mais global, caracterizando por forte inovação tecnológica, redução dos ciclos de vida dos produtos, alteração dos hábitos de consumo e crescente preocupação ambiental, a abordagem de análise é ainda mais relevante. Efetivamente, face à crescente complexidade do ambiente, os gestores e empresários devem criar, justificar e confirmar as estratégias de negócio, procurando antecipar o futuro das suas empresas.

O livro resume, de uma forma simples e acessível, alguns modelos já conhecidos, fazendo a ligação entre os mesmos.Assim sendo, poderá constituir um instrumento útil para a gestão de negócios na medida em que apresenta as ferramentas que, se aplicadas de forma sistemática, poderão contribuir para o sucesso empresarial, servindo como guia para a concepção e implementação de um sistema de informação para tomada de decisões.

Para além de fornecer uma metodologia para a gestão de resultados, é de salientar também a inclusão de várias tabelas que facilitam a aplicação fas ferramentas propostas, e, dessa forma, a eficácia da sua utilização.

Professor Doutor Pedro Marcelo Torres
Faculdade de Economia
Universidade de Coimbra

Agradecimentos:

a Deus, que sem a sua vontade nada se realiza e aos parentes e amigos para credibilidade depositada no projeto.

SUMÁRIO

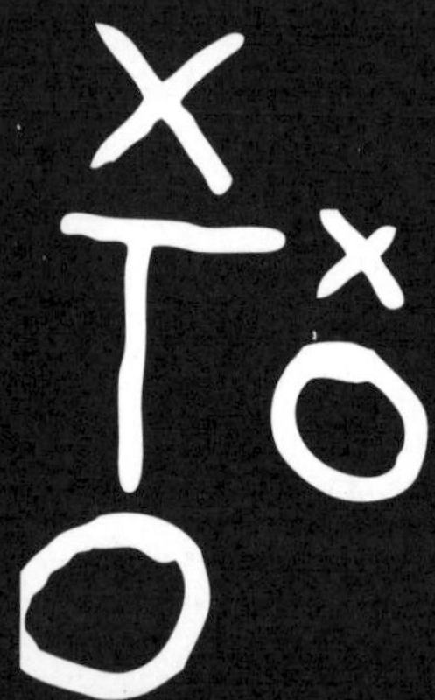

Homenagem

Homenageio os professores, nas pessoas da Professora Marlene Gomes de Oliveira e da Professora Maria do Carmo

Empreender é uma virtude do homem.

O empreendedorismo é responsável por muitas das transformações que o mundo vive: negócios que surgem, novos filmes que são produzidos, livros que são escritos, serviços ou novos produtos criados. É responsável pelo desenvolvimento econômico, social e cultural da humanidade.

Em qualquer área do conhecimento o tino empreendedor faz surgir inovações, e quem faz aflorar ideias dá vida à arte.

O empreendedorismo tem o poder de transformar o pensamento em ação e isso lhe confere até certa conotação poética.

A poesia, entretanto, para por aí. A realidade é que dos novos empreendimentos mais de 30%, sucumbem nos primeiros dois anos, ultrapassando a casa dos 50% ao término de cinco anos.

Esse quadro, entretanto, pode ser evitado. Se não para todos, ao menos para você, prezado leitor, a realidade pode ser diferente. A leitura deste livro vai permitir que você faça parte das estatísticas positivas de sobrevivência, ao conseguir planejar de forma sistemática o seu empreendimento e acompanhar pari passu a operacionalização do seu planejamento.

O presente livro oferece condições para a identificação de ações capazes de produzir os efeitos desejados, estabelecer prioridades, planejar o que, definir o porquê, estabelecer o como, o quando, e por quem cada atividade, passo ou tarefa deverá ser realizado. Além disso, orienta o acompanhamento da execução do plano, permitindo que distorções sejam corrigidas e que os objetivos sejam alcançados.

Boa leitura e bom proveito.

Adelmir Santana
Presidente do Conselho Regional do Senac-DF

O livro Ferramentas para Gestão de Resultados apresenta, no primeiro momento e de forma isolada, algumas ferramentas utilizadas na gestão de uma empresa, seus conceitos e suas aplicabilidades.

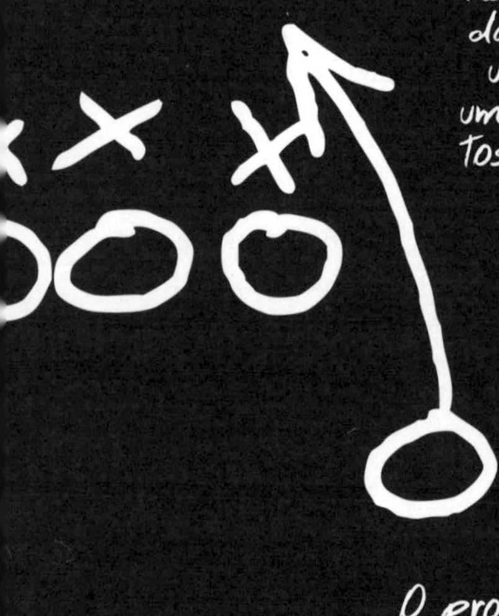

O propósito do livro é apresentar a integração das ferramentas utilizadas, estabelecer a cadeia existente entre elas e proporcionar o seu uso de forma mais efetiva e eficaz.

1. APRESENTAÇÃO

Quando se fala em "gerir resultados", pode, a princípio, parecer um termo genérico. E o é. Sua abrangência está no fato de que a ferramenta desenvolvida pode ser usada tanto no lançamento de um produto de grande impacto, como, por exemplo, a construção de um transatlântico, quanto na rotinização das atividades do auxiliar de serviços gerais.

O livro FERRAMENTAS PARA GESTÃO DE RESULTADOS apresenta, no primeiro momento e de forma isolada, algumas ferramentas utilizadas na gestão de uma empresa, seus conceitos e suas aplicabilidades.

Para melhor compreensão do presente trabalho, se faz necessário uma pequena incursão por teorias e técnicas de planejamento, pelas ferramentas da qualidade e pelo próprio Ciclo PDCA, temas que serão tratados em capítulos específicos, inclusive no detalhamento do Programa de Gestão de Resultados.

Destaque-se que o foco é praticidade e objetividade; por essa razão, são apresentadas apenas as teorias necessárias à sua execução, evitando-se inferências mais profundas ou filosóficas, sem prejuízo de uma recomendação a um aprofundamento maior àqueles que se interessarem pelo assunto.

O propósito do livro é apresentar a integração das ferramentas utilizadas, estabelecer a cadeia existente entre elas e proporcionar o seu uso de forma mais efetiva e eficaz.

Assim, no segundo momento traz a integração dessas ferramentas, com algumas adaptações, e um sistema de avaliação que permite ao gestor acompanhar os resultados previstos de forma a adotar eventuais correções ou proceder a adequações mantendo o foco no que fora planejado.

Durante de cada fase, é possível fazer avaliações quanto aos resultados alcançados e aos meios utilizados. Alcançados os resultados, estando esses compatíveis com a expectativa da realidade do momento, e os meios utilizados tendo sido considerados satisfatórios, o procedimento será validado e o documento será parte integrante do manual da empresa.

Validados ou não os procedimentos, atingidos ou não os resultados, novo planejamento deverá ser feito, com as alterações pertinentes e iniciar-se-á um novo ciclo para a empresa, atividade ou tarefa objeto dos resultados pretendidos.

Dessa forma, se faz a aplicação do Ciclo PDCA e a melhoria contínua fará parte da rotina da empresa, mantendo-a atualizada quanto às mudanças que se observam e favorecendo a mudança de rumo com relação à sua interação com o mercado.

Quanto ao método, deixamos um único conselho: embora seja possível, não o use com moderação.

Três passos devem ser
observados para uma
correta execução do planejamento:
TREINAMENTO,
CRITÉRIO
na execução dos passos,
tarefas, atividades e dos
métodos estabelecidos e
VERIFICAÇÃO de sua correta
aplicação.

2. CICLO PDCA

PDCA é uma sigla formada pelas seguintes palavras em inglês, seguidas de suas respectivas traduções:

- P – *plan* – planejamento.
- D – *do* – execução.
- C – *check* – controle ou verificação.
- A – *ation* – ação, ou atuação corretiva.

Na fase de **PLANEJAMENTO,** é onde são traçados, com base nas diretrizes da empresa, as ações a serem implementadas, em que são determinadas as metas a atingir ou problemas a serem resolvidos e os respectivos meios, ou seja, os métodos que serão utilizados para alcance dos resultados almejados.

Nesta fase, levam-se em conta os itens sobre controle, os objetivos a atingir e os caminhos para atingi-los, definindo.

Quando se fala em metas de melhoria, a fase do planejamento pode ser dividida em quatro etapas:

1. **Identificação do problema:** muitas das vezes, quando se parte para implantação do CICLO PDCA, esta fase já foi cumprida, ou seja, o problema já está identificado.
2. **Observação:** uma vez identificado o problema, outras ferramentas podem ser utilizadas para que se dê curso ao processo, como exemplo, citam-se: Gráfico de Pareto, *brainstorming*, Teorema de Causa e Efeito etc.
3. **Análise do processo:** de posse das ferramentas utilizadas na observação, outro recurso que deve ser utilizado é a análise do processo. Esta fase consiste em verificar, passo a passo, a rotina de cada processo em análise, de preferência por meios de um fluxograma e, na sua ausência, da descrição de cada um dos passos da rotina que, nesse caso, deve estar devidamente descrito, devendo o documento ser parte integrante do rol utilizado.
4. **Plano de ação:** identificado o problema, feita a observação, adotadas as técnicas de levantamento de dados, analisado o fluxograma, chega-se à ferramenta 5w2h, na qual efetivamente se faz o planejamento, determinando-se O QUE, QUANDO, ONDE e POR QUE deve ser feito e ainda QUEM vai fazer, COMO vai ser feito e QUANTO vai custar a implementação das mudanças sugeridas.

Definidas as metas, seja de manutenção, seja de melhoria, segue-se para a fase dois DO – execução.

Na **EXECUÇÃO:** uma vez definida as questões O QUE, QUANDO, ONDE, PORQUE, QUEM e COMO e, se for o caso, QUANTO CUSTA, o processo deve ser implementado, seguindo-se, é obvio, a metodologia definida no planejamento, partindo assim para a execução do planejado.

Três passos devem ser observados para uma correta execução do planejamento: TREINAMENTO, CRITÉRIO na execução dos passos, tarefas, atividades e dos métodos estabelecidos e VERIFICAÇÃO de sua correta aplicação.

O treinamento de cada pessoa envolvida no processo é fundamental e vai além do mero conhecimento das tarefas ou atividades a serem desenvolvidas. Além da formação e do aperfeiçoamento, deve se buscar, também, o comprometimento com o objetivo da empresa.

Para que se implante o processo de melhoria contínua, em busca da almejada perfeição, é importante a doação do melhor de cada um no desempenho de suas atribuições.

Os supervisores, ainda nesta fase, devem acompanhar as atividades e verificar se o que foi planejado está sendo desempenhado e, estando ou não, se está caminhando para o cumprimento da meta, corrigindo assim eventuais desvios e procedendo a anotações de acordo com as necessidades.

Nesta etapa, além de se seguir as orientações emanadas do planejamento, vão sendo coletados dados e anotados nas folhas de verificação, para que, na fase de **VERIFICAÇÃO**, se proceda à comparação do fluxograma, fazendo assim a estratificação e quantificação, gerando um novo DIAGRAMA DE PARETO, partindo para a fase da AÇÃO.

É interessante, também, que se tenha um serviço de auditoria, se não próprio, terceirizado, aliás, se for o caso de empresa de médio ou grande porte, é recomendável que seja terceirizado.

Na **VERIFICAÇÃO** por meio dos dados coletados na fase da execução é feita a comparação dos resultados projetados e alcançados alimentando a ETAPA seguinte, esta é a fase do monitoramento e deve ser procedida sempre ao final de cada processo.

Na fase da **AÇÃO,** passa-se a atuar diretamente no processo, tendo por referência os valores observados na fase de verificação.

Uma vez não se verificando discrepâncias entre a meta traçada e os resultados observados, pode se adotar como padrão o plano proposto, adequando os fluxogramas, normatizando os procedimentos e "alimentando" um documento que poderá vir a ser chamado de *Manual de Qualidade da Empresa.*

Não se observando o cumprimento da meta, ou mesmo se elas forem atingidas, desde que sejam observadas algumas discrepâncias, como, por exemplo, um fluxo de trabalho (passo, tarefa ou atividade), que se possa otimizar, se segue novamente para a fase de PLANEJAMENTO, implantando-se, assim, o que se chama de *melhoria contínua*.

Como se vê, pelas definições anteriores, há uma ligação entre cada uma das fases acima, a conclusão de uma vai estar sempre dando início à fase seguinte, inclusive quando se chega à última fase, a da ação, que acaba não sendo última, pois sempre há algo a ser melhorado ou a necessidade do realinhamento da meta.

Planejar é traçar o objetivo que se pretende atingir, as atividades necessárias para seguir o caminho, as tarefas a serem cumpridas para conclusão das atividades e os métodos e prazos para a execução das tarefas, além de se manter o controle sobre o andamento e a avaliação do que se planejou com o que se está executando e com os resultados intermediários que estão sendo alcançados, para uma eventual correção de rumo.

3. PLANEJAMENTO

Neste capítulo, far-se-á breve comentário sobre questões teóricas ligadas ao tema, de modo que o leitor, ao se deparar com o tema-título, Gestão de Resultados, possa ter uma visão geral do planejamento organizacional.

Quando se fala de planejamento, o foco é atingir resultados e alcançá-los passa por definições de: objetivos, metas e solução de problemas. Pode-se querer uma solução para: ampliar negócios, ampliar participação no mercado, manter a situação em que se encontra, reduzir ou aumentar a produção de determinado bem ou serviço, lançar um produto etc. O importante é que, para se buscar a solução para o que se quer, se faz necessário um PLANEJAMENTO, por essa razão serão feitas considerações sobre o assunto.

Planejar é traçar o objetivo que se pretende atingir, as atividades necessárias para seguir o caminho, as tarefas a serem cumpridas para conclusão das atividades e os métodos e prazos para a execução das tarefas, além de se manter o controle sobre o andamento e a avaliação do que se planejou com o que se está executando e com os resultados intermediários que estão sendo alcançados, para uma eventual correção de rumo.

Para se planejar, se faz necessário estabelecer as dimensões desse planejamento, que pode ser assim dividida:

- **QUANTO AO ASSUNTO:** finanças, RH, pesquisa, *marketing* etc.
- **QUANTO AOS ELEMENTOS:** propósitos, políticos, objetivos, programas, orçamento, normas etc.
- **QUANTO AO TEMPO:** curto, médio ou longo prazos.
- **QUANTO ÀS UNIDADES ORGANIZACIONAIS:** que unidades o planejamento alcançará, subsidiárias, filiais, grupos, divisões etc.
- **QUANTO ÀS CARACTERÍSTICAS:** complexidade ou simplicidade, quantidade ou qualidade, estratégico ou tático, confidencial ou púbico etc.

Segundo a doutrina, o planejamento apresenta dois grupos de princípios:

3.1 PRINCÍPIOS GERAIS

a. **Princípio da Contribuição por Objetivos:** por este princípio, os objetivos da empresa são o foco principal do planejamento.
b. **Princípio da Precedência do Planejamento:** este princípio determina que o planejamento precede as demais funções administrativas (organização, direção e controle).

c. **Princípio de Maior Penetração e Abrangência:** este princípio é observado pela série de modificações nas particularidades e atividades da empresa que o planejamento pode causar.
d. **Princípio da Maior Eficiência, Eficácia e Efetividade:** o planejamento leva a maximizar os resultados, minimizando deficiências.

3.2 PRINCÍPIOS ESPECÍFICOS

a. **Planejamento participativo:** o processo de elaboração do planejamento deve se dar na própria empresa e realizado pelas áreas pertinentes.
b. **Planejamento coordenado:** as áreas que participam do planejamento devem ser independentes, embora guardando correlação entre si, ou seja, todos os setores ou aspectos devem ser analisados sob o ponto de vista sistêmico, como um todo, levando em consideração a individualidade de cada um e o objetivo maior da organização.
c. **Planejamento integrado:** os objetivos da empresa são norteadores dos planejamentos em todos os níveis e sentidos da empresa.
d. **Planejamento permanente:** o caráter de permanência está diretamente ligado à condição dinâmica que deve nortear todo o planejamento. Os valores mudam e devem guardar coerência com a evolução dos tempos.

Além dos princípios, as filosofias do planejamento também norteiam o caminho a se seguir, quando se elabora um planejamento. São as seguintes as filosofias do planejamento:

1. **Filosofia da satisfação:** esta filosofia é limitada. Por esse pensamento, o planejamento deve limitar-se ao que é facilmente atingindo, deixando de ousar e seguir por caminhos que levam à inovação, aos melhores resultados, à otimização e à competitividade.
2. Aplicando esse tipo de filosofia, se usam poucos recursos, pouca capacitação técnica, e sua realização se dá em um tempo mínimo.
3. **Filosofia da otimização:** a premissa dessa filosofia é realizar tão bem quanto possível e não apenas suficientemente bem, como é o caso da filosofia anterior. O trabalho tem por base modelos temáticos e estatísticos e tende a ignorar aspectos não mensuráveis. Sua realização, via de regra, se dá com recursos humanos e estrutura organizacional da própria empresa, facilitando a tomada de decisão.

Nessa filosofia, os planejamentos primam pela utilização de modelos matemáticos e podem ser desenvolvidos mediante adequação das necessidades.

1. **Filosofia da adaptação:** esta filosofia é adotada para que as empresas possam responder adequadamente às mudanças que são as principais responsáveis por problemas internos, devendo procurar o equilíbrio entre ambientes (interno e externo) da empresa.

Como características, a filosofia de adaptação apresenta:

- O valor do planejamento está no processo de elaboração e não nos planos produzidos.
- O homem é responsável pela maioria das confusões que o planejamento tenta eliminar ou evitar.
- O futuro divide-se em três partes: certeza, incerteza e ignorância. Cada uma com planejamento, comprometimento, contingência ou adaptação próprios.

A aplicação de uma ou outra filosofia irá depender dos objetivos das empresas, traçados pelos administradores, entendido que deve ser premissa do executivo quando do início dos trabalhos de planejamento.

O PLANEJAMENTO pode assim ser dividido:

QUANTO ÀS PARTES:

- FINS: aqui são determinados os objetivos do planejamento (missão, propósito, desafios e metas).
- MEIOS: caminhos para se chegar ao estado futuro desejado. Por exemplo: aumento da capacidade produtiva; diversificação de produtos.
- ORGANIZACIONAL: traça-se aqui a esquematização dos requisitos organizacionais para realização dos meios propostos.
- RECURSOS: tem-se aqui o dimensionamento dos recursos humanos e materiais, determinação da origem e aplicação de recursos financeiros. É nesta parte que se estabelecem os programas, os projetos e os planos de ação necessários ao alcance do futuro desejado.

QUANTO AO TIPO:

- ESTRATÉTIGO: este tipo de planejamento tem como objeto a empresa como um todo, sua relação com o mercado, relações com os aspectos políticos em sim e ainda com as políticas fiscal e monetária, além da relação com o setor externo (mercado internacional) e com o nível da atividade econômica.

O planejamento estratégico considera ainda se a estratégia é de:

- **Manutenção:** consideram-se as predominâncias dos pontos fortes no ambiente interno, criando a expectativa de uma situação confortável para a empresa, mesmo que nada mude.
- **Crescimento:** mesmo levando em consideração a predominância de pontos fortes internos, a empresa foco nas oportunidades de mercado, poden-

do seguir os caminhos da inovação, da expansão, da internacionalização, entre outros.

- **Desenvolvimento:** nesse caso, além da predominância dos pontos fortes, se destacam também as oportunidades. O desenvolvimento pode se dar por meio de novos mercados e clientes ou novas tecnologias. Como alternativas, esse tipo de planejamento tem:
    - ◇ Mercado: mediante expansão de vendas ou novos mercados.
    - ◇ Produtos ou serviços: desenvolvimento de novos produtos ou serviços a serem oferecidos.
    - ◇ Financeiro: quando duas empresas do mesmo grupo ou não apresentam características inversas: um com poucos recursos financeiros e grandes oportunidades e outra com poucas oportunidades e muitos recursos financeiros. Juntam-se, neutralizam os pontos fracos e otimizam as oportunidades.
    - ◇ Capacidade: a situação se dá de forma análoga à anterior, só que, ao invés de recursos financeiros, o foco é a tecnologia e o bom nível de oportunidade. Uma com poucos recursos tecnológicos e muita oportunidade e a outra com muitos recursos tecnológicos e pouca oportunidade.
    - ◇ Estabilidade: predomina a ótica da fusão em que analogamente as empresas detêm condições semelhantes, mas o objetivo de crescimento uniforme se sobressai em detrimento dos interesses individuais.
- TÁTICO: neste tipo de planejamento, são levadas em considerações todas as variantes do planejamento estratégico e são aplicados a nível departamentalizado, ou seja, se tem o planejamento mercadológico, financeiro, de produção, de RH, organizacional, e assim por diante.
- OPERACIONAL: pode se dizer que os planejamentos operacionais são partes integrantes do planejamento tático, embora realizados posteriormente e com base nas diretrizes deste. No planejamento operacional, têm-se, por exemplo, a nível de produção, os planos de capacidade de produção, controle de qualidade, gestão de estoques, plano de utilização de mão de obra, plano de expedição de produtos, e assim por diante.

No quadro a seguir, tem-se um comparativo entre os planejamentos estratégico, tático e operacional:

DESCRIÇÃO	PLANEJAMENTO		
	ESTRATÉGICO	TÁTICO	OPERACIONAL
Prazos	Mais longo	Médio	Mais curto
Amplitude	Mais ampla	Média	Mais restrita
Riscos	Maiores	Médios	Menores
Atividades	Fins e meios	Meios	Meios
Flexibilidade	Menor	Média	Maior

QUANTO AO NÍVEL: são considerados os níveis de decisão a serem tomadas:

- ESTRATÉGICO: decisões estratégicas em que a Diretoria define os quais os próximos passos a serem dados pela empresa, geralmente são decisões que são bem planejadas de médio a longo prazo.
- TÁTICO: decisões táticas em que a gerência ou a supervisão definem determinadas ações com a finalidade de um resultado setorial ou uma resolução de problema momentâneo, geralmente de médio a curto prazo.
- OPERACIONAL: decisões operacionais em que qualquer chefia de setor decide situações/problemas corriqueiros, geralmente a curto prazo.

QUANTO AS FASES:

- **DIAGNÓSTICO:** nesta fase, hão de ser consideradas as seguintes informações em relação aos ambientes:
- INTERNO
    - ◇ Predominância de pontos fortes – todos os pontos fortes deverão ser evidenciados de modo que se possa maximizar o seu uso.
    - ◇ Predominância de pontos fracos – os pontos fracos, por sua vez, deverão ser identificados para que possam vir a ser excluídos ou minimizados.
- EXTERNO
- Predominância de ameaças – neste caso, observar:
- Postura estratégica de sobrevivência:
    - ◇ Redução de custos.
    - ◇ Desinvestimento.
    - ◇ Liquidação do negócio.
- Postura estratégica de manutenção – verificar:
    - ◇ Estabilidade.
    - ◇ Nicho.
    - ◇ Especialização.
- Predominância de oportunidades:
- Postura estratégica de crescimento.
    - ◇ Inovação.
    - ◇ Internacionalização.
    - ◇ *Joint venture*.
    - ◇ Expansão.
- Postura estratégica de desenvolvimento:
    - ◇ De mercado.
    - ◇ De produção.
    - ◇ Financeiro.
    - ◇ De capacidade.
    - ◇ De estabilidade.
    - ◇ Diversificação:

    - Horizontal.
    - Vertical.
    - Concêntrica.
- Conglomerativa.
- Interna.
- Mista.

Além das informações anteriores, relativas aos ambientes, em que a empresa irá estabelecer a relação com os ambientes interno e externo, se faz necessário, também, que se veja em relação a si mesma, ou seja, que identifique como está no contexto interno e com relação às vantagens competitivas.

Tão importante quanto o diagnóstico, para formatação do planejamento, são os CREDOS BÁSICOS – nele são estabelecidos os valores da empresa para o que é certo, à sua ótica, ligado a fatores, como: clientes, concorrência, qualidade, ecologia, pessoal, ética, transparência, imagem, tecnologia etc., Para fixação dos seus credos básicos a empresa deve trabalhar os seguintes elementos:

- MISSÃO: este elemento indica a direção a ser seguida pela empresa nos contornos do negócio e do horizonte de tempo definido no processo de planejamento existente. Este elemento deve contemplar: o que a empresa deve fazer? Para quem deve ser feito?
- NEGÓCIO: delimita o espaço socioeconômico de atuação da empresa, considerados os benefícios proporcionados aos clientes.
- VISÃO DE FUTURO: este elemento reúne as informações mais importantes na formulação do planejamento. Aqui são descritos as aspirações e desejos da empresa, podendo ser uma visão por um período de tempo determinado ou uma visão mais ampla por tempo ilimitado.

Além dos elementos anteriores, fatores como as PREVISÕES (o que irá acontecer e como a empresa será afetada), a identificação de objetivos e desafios e as alternativas propostas, avaliando-as quanto à eficácia, à coerência, à aceitabilidade e à exequibilidade também devem ser levantadas e analisadas.

Por fim, como elementos não menos importantes, temos os instrumentos prescritivos e quantitativos de controle e de avaliação, que serão tratados mais detalhadamente no capítulo destinado ao Ciclo PDCA.

Questões como PLANOS DE AÇÃO, CONTROLE DE QUALIDADE, ANÁLISE E ACOMPANHAMENTO DO PROCESSO, *BRAINSTORMING* (sugestões), GUT , entre outras, serão tratadas por meio de ferramentas próprias, algumas delas adaptadas, no capítulo de Gestão de Resultados.

Como ferramentas para a Gestão de Resultados, são utilizadas diversos instrumentos já consagrados pela Administração moderna e criados, em sua maioria, por grandes pensadores do tema. Utilizaremos ferramentas de diagnóstico e ferramentas de acompanhamento e execução de resultados, para que assim se possa ter uma visão geral desde a parte inicial do processo, até mesmo o período que antecede a volta para que o fluxo continue a ser contínuo.

4. FERRAMENTAS

Como ferramentas para a Gestão de Resultados, são utilizadas diversos instrumentos já consagrados pela Administração moderna e criados, em sua maioria, por grandes pensadores do tema. Utilizaremos ferramentas de diagnóstico e ferramentas de acompanhamento e execução de resultados, para que assim se possa ter uma visão geral desde a parte inicial do processo, até mesmo o período que antecede a volta para que o fluxo continue a ser contínuo.

São as seguintes as ferramentas utilizadas:

- Modelo Canvas de Negócios.
- Plano de negócios.
- Matriz SWOT.
- Grupo focal.
- *Survey*.
- Controles de qualidade.
- Diagrama de Pareto.
- Diagrama de Causa e Efeito.
- *Brainstorming*.
- GUT.
- 5W2H.
- Gráfico de Gantt.
- Avaliação.

A seguir, será abordada cada uma das ferramentas isoladamente de forma que o leitor tenha uma ideia sobre cada uma das abordagens e a sua integração, que chamamos de Gestão de Resultados, seja o mais interativa possível.

4.1 MODELO CANVAS DE NEGÓCIOS

Iniciando a apresentação das ferramentas, vamos começar falando do que imagino que seja o coração da empresa: A ESTRATÉGIA. A forma com que a organização se apresenta no mercado, como ela vai atingir seus clientes, de que modo vai se diferenciar de seus concorrentes, tudo isso formula a estratégia da empresa. A formulação inicial dessa estratégia é por, muitas vezes, ignorada pelos empresários, em que muitos simplesmente acreditam no potencial do seu produto e esquecem que existem diversos fatores que fazem que uma organização alcance o sucesso ou não.

Claro que montar uma estratégia não é simples, mas de forma organizada e planejada, conhecendo seu modelo de negócio, os resultados posteriores são mais do que satisfatórios. Claro que não podemos nos esquecer, como foi citado no capítulo sobre planejamento, que planejar ou montar uma estratégia não significa que isso se transforme em uma verdade absoluta, em que sempre temos de observar os diversos fatores que influenciam uma empresa (governo, clientes, fornecedores, sociedade etc.), que chamamos de stakeholders. Estes são extremamente dinâmicos, portanto a estratégia e o planejamento da orgqnização têm de acompanhar esse dinamismo, adaptando-se às novas realidades rapidamente.

Para o entendimento deste modelo de negócio e para clarear as informações necessárias para a montagem de uma boa estratégia, nasceu o Modelo Canvas de Negócios. O modelo, apesar de ser bastante simples, facilita a visualização do projeto e a análise de um novo produto a ser lançado, o estado atual da organização e até mesmo a possível criação de uma nova empresa. O Modelo Canvas de Negócios é utilizado por grandes empresas, a exemplo da Ericsson, Deloitte, 3M, entre outras.

Criado pelos escritores Alexander Ostewalder e Yves Pigneur, eles subdividiram um modelo de negócios em nove partes: relacionamento com o cliente; segmento de clientes; canais; fontes de receita; proposta de valor; atividades-chave; recursos-chave; parceiros-chave; e estrutura de custos.

Vamos analisar de forma direta cada uma das partes do modelo. Nos anexos, se encontra a estrutura para a montagem do Modelo Canvas de Negócios.

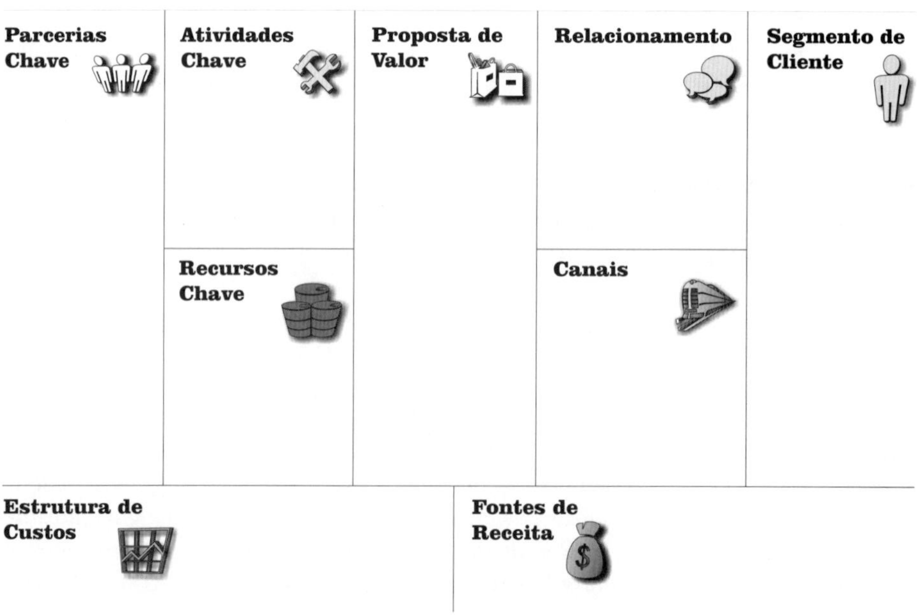

4.1.1 SEGMENTO DE CLIENTE

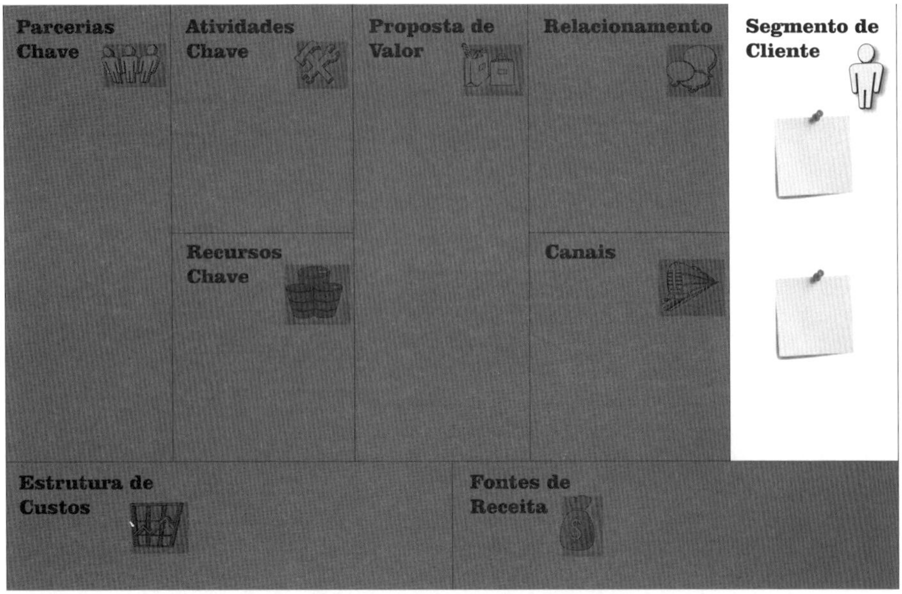

Quando se fala em segmentação ou divisão de clientes, muitos empresários acabam por achar que isso prejudica a organização, pois a empresa deve vender ou prestar serviços a quem se interessar, sem distinção de clientes. No meio dos negócios se fala que: "Quem vende pra todo mundo, não vende pra ninguém...". Esta é uma afirmativa extremamente verdadeira, visto que se não se conhece o perfil dos seus clientes e quais as suas reais necessidades, dificilmente consegue-se atingir de forma mais direta esses clientes ou outros com o mesmo perfil.

Dessa forma, pode-se adaptar o negócio de acordo com a perspectiva do cliente, levando em consideração suas necessidades, gerando maior satisfação e maior qualidade no atendimento e nos serviços oferecidos.

EXEMPLO: *uma empresa de consertos de carros de um determinado bairro pode segmentar seus clientes geralmente da classe C ou D que possuem carros mais populares. Esta é a lógica de que os clientes que possuem carros de luxos geralmente fazem serviços apenas em empresas autorizadas.*

4.1.2 PROPOSTA DE VALOR

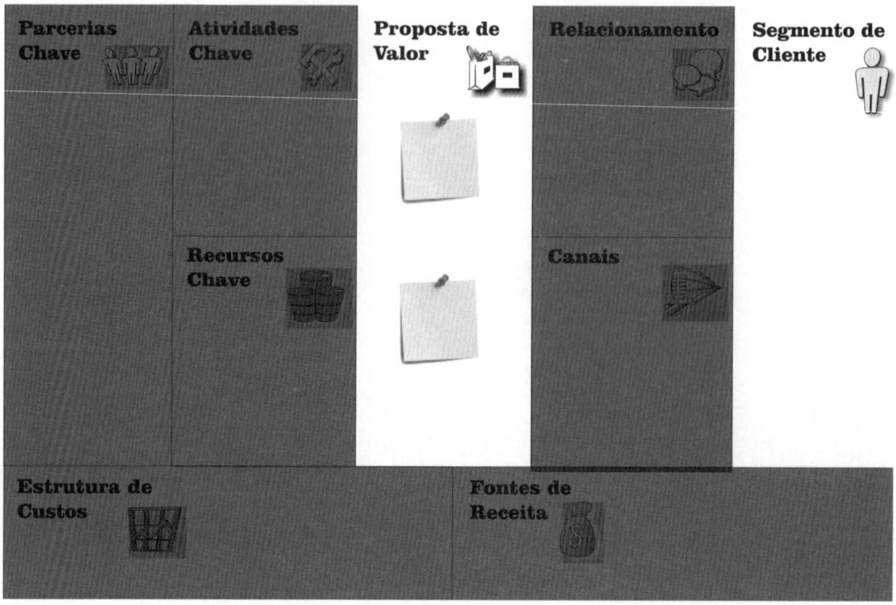

Vamos fazer um entendimento em que a proposta de valor irá significar os benefícios que o seu produto/serviço oferece, e o que ele se diferencia de seus concorrentes. É exatamente o que seus produtos/serviços agregam de valor para que os possíveis clientes paguem por eles. Dessa forma, o conjunto de benefícios é que montam a proposta de valor do seu negócio.

EXEMPLO: *um pão de modelo diferenciado em uma padaria, um tamanho maior, ou quem sabe com um desenho que caracterize o local em que ela se encontra acaba por se tornar um diferencial em relação a seus concorrentes, ou quem sabe um atendimento personalizado na hora de entregar os produtos.*

4.1.3 CANAIS

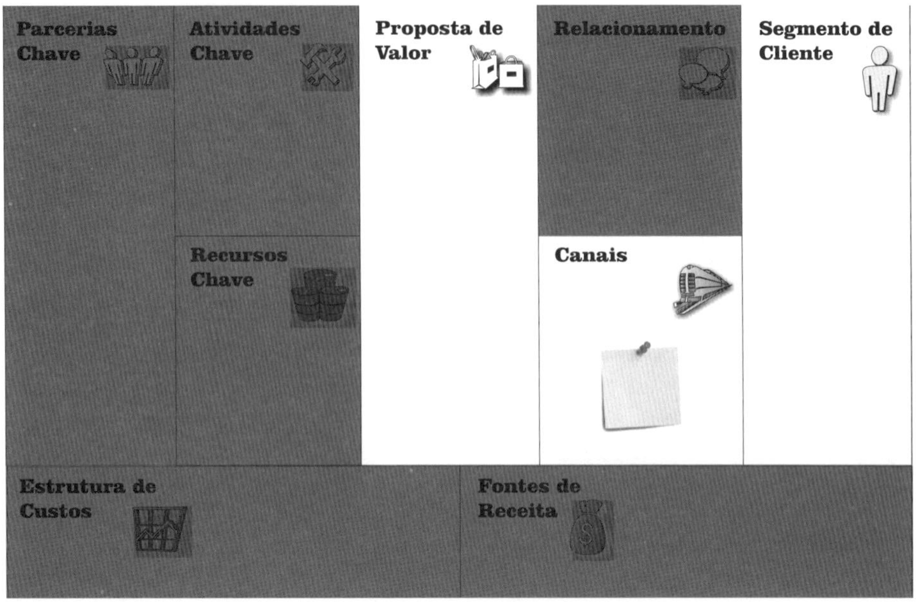

Os canais que falamos aqui são todos os meios que ligam a empresa ao cliente. Não só os canais de divulgação e *marketing*, mas também de vendas e de distribuição. São as formas em que os possíveis clientes conhecem o produto, analisam, realizam a compra e o recebem. Esta parte possui uma função bastante especial, que é a apresentação dos produtos/serviços para os clientes, por isto deve-se procurar quais as formas de atingir a segmentação de mercado de maneira rápida e informativa.

EXEMPLO: *a publicidade em geral e os sites são vistos como canais de marketing. Vendedores e call center são os canais de vendas, e os canais de distribuição podem ser visto, por exemplo, como: Correios, Sedex, frete, entre outros (estes fazem que os produtos cheguem aos clientes).*

4.1.4 RELACIONAMENTO

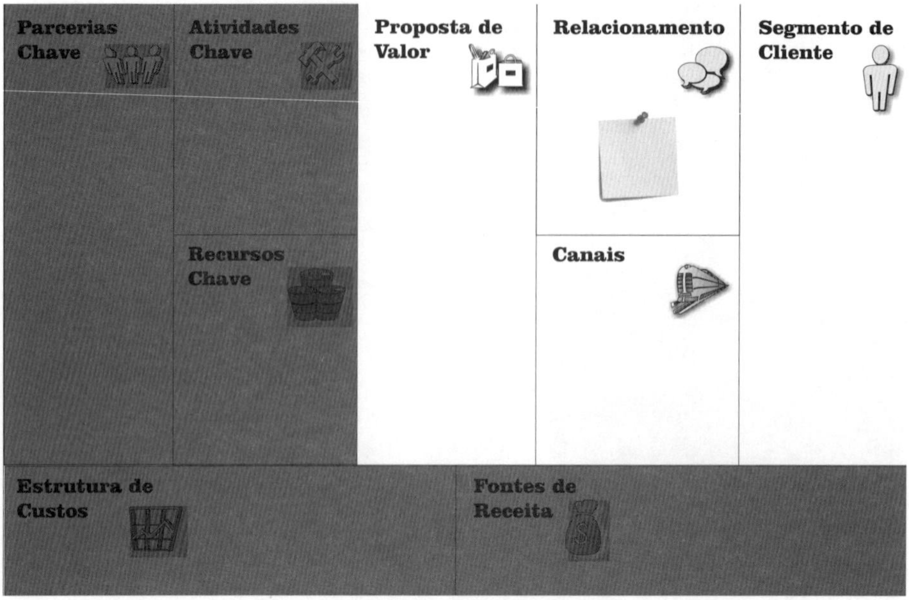

A parte de relacionamento é exatamente a forma em que a organização interage com seus clientes. A maneira como o cliente é tratado e o que a empresa faz para que possa mantê-lo como cliente. O relacionamento que se tem com um cliente tem de ser sempre o mais transparente e sincero possível, em que a personalização de um atendimento pode fazer toda a diferença para que se possa mante a fidelidade de um cliente. Ser reconhecido, receber brindes ou até mesmo simples cartões de aniversário e de boas-festas no fim do ano fazem que a empresa busque criar laços de afetividade com o cliente, sendo forte ferramenta de retenção de clientes.

EXEMPLO: *todas as formas de criar laços de afetividade com os clientes dão resultado. Quem não gosta de chegar em uma padaria ou em um banco e ser chamado pelo seu nome, de perguntarem como você está e já saber quais suas necessidades? Os bancos já possuem atendimentos personalizados para determinado grupo de clientes.*

4.1.5 FONTES DE RECEITAS

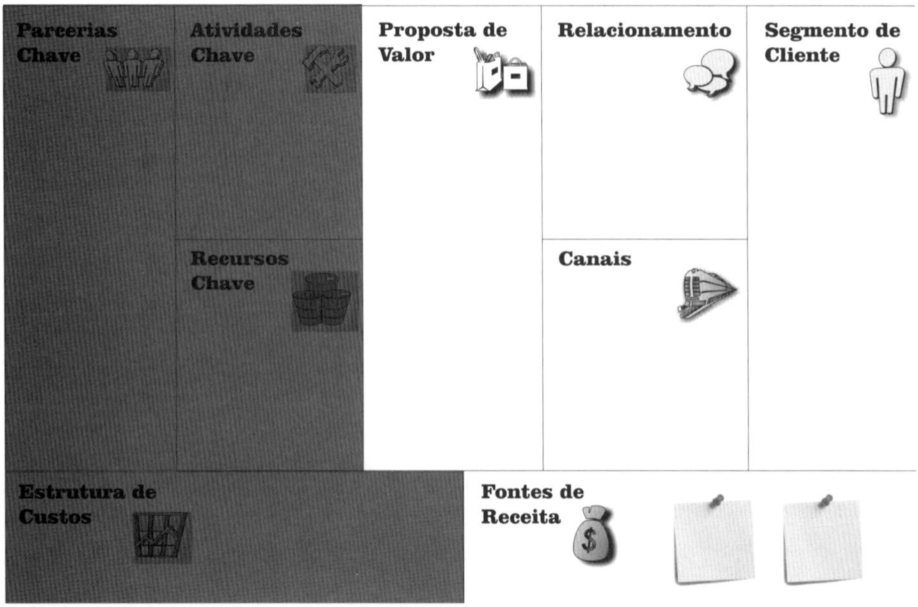

Aqui é a parte em que os empresários mais gostam: as receitas! É nesta parte em que discriminaremos as formas de receitas que a organização terá dos clientes, seja por vendas de produtos, serviços prestados, seja por licenciamento de produtos. Lembrando que as fontes de receitas do negócio devem levar em consideração as formas de pagamento de seu segmento de mercado.

> EXEMPLO: *todos os tipos de produtos e serviços que sejam executados e que gerem receitas. Uma mecânica tem como receita além das peças vendidas, a mão de obra dos serviços prestados.*

Com essas partes, fechamos o lado direito do Modelo Canvas, que dizem respeito diretamente ao cliente. Todas as partes apresentadas devem ser pensadas, visando atender e atingir ao segmento de clientes da organização.

4.1.6 RECURSOS-CHAVE

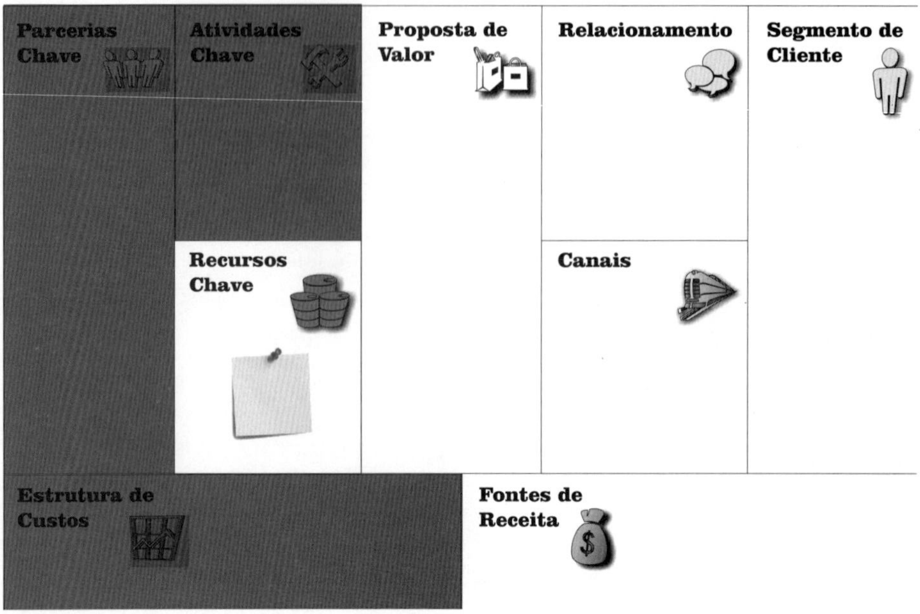

O que realmente é fundamental para seu negócio funcionar? Nesta parte vão as respostas a este questionamento. Aqui são colocados os ativos importantes para a organização, como equipe, máquinas, matéria-prima etc.

Assim, começamos a levantar a parte operacional do nosso negócio, que é a base para o lado esquerdo do Modelo Canvas.

EXEMPLO: *em uma padaria, a matéria-prima, o forno e a equipe são os principais ativos/recursos para a funcionalidade do negócio.*

4.1.7 ATIVIDADES-CHAVE

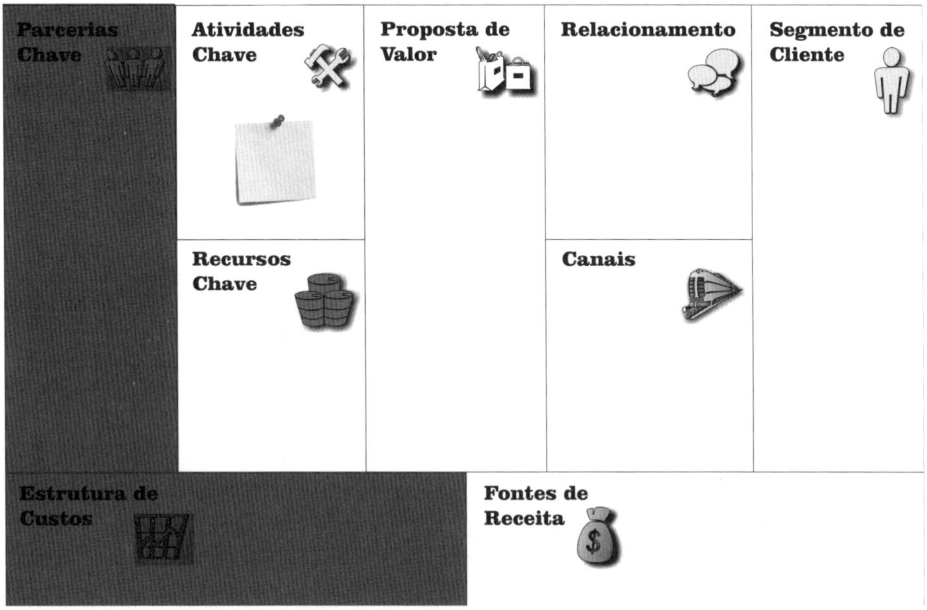

Após levantar os recursos necessários para o negócio, agora vamos colocar as atividades que são fundamentais com os recursos necessários para o início ou continuidade do negócio. São as ações que realmente vão dar início aos resultados do modelo de negócio.

EXEMPLO: *seguindo a lógica da padaria, a produção e a venda de pães, bolos, biscoitos são as atividades-chave do negócio.*

4.1.8 PARCERIAS-CHAVE

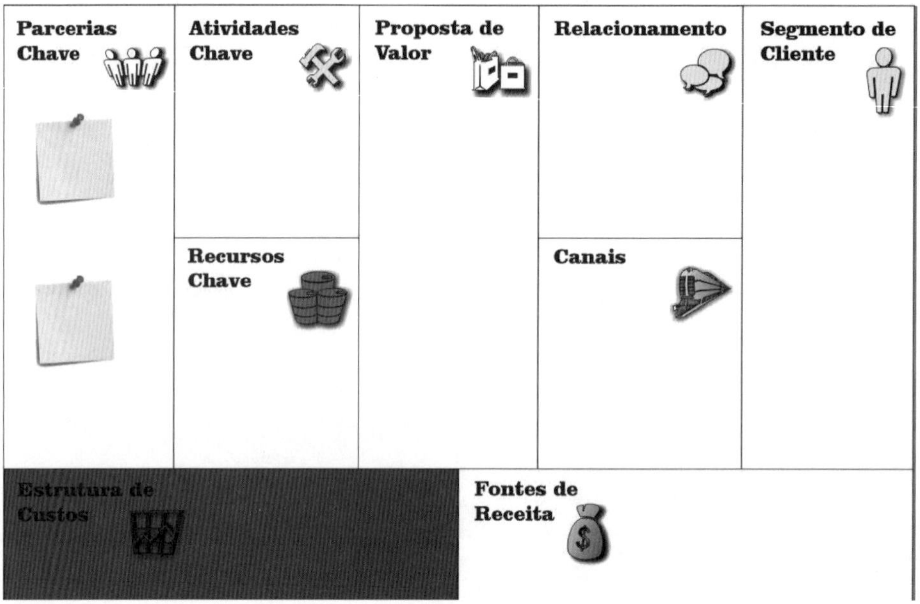

Parceria é a palavra do momento. Isto porque as empresas conseguiram entender que sozinhas não conseguem atingir o sucesso esperado, até porque dependem diretamente de outras empresas, que chamamos de fornecedores. Esses fornecedores precisam ser visto de forma mais alinhada com os objetivos da empresa; por isso as grandes organizações possuem um livro de normas para empresas que queiram ser fornecedoras delas, pois, para que isso aconteça, as empresas precisam entender a cultura da empresa e se alinharem aos objetivos dela. Fazer que seus fornecedores sejam grandes parceiros só fará que seu negócio prospere cada vez mais, da mesma forma que os franqueadores precisam ver seus franqueados como grandes parceiros. Outra vertente que está bastante disseminada ultimamente são as parcerias entre empresas que trabalham com produtos complementares, já que alguns produtos / serviços podem ser utilizados com outros produtos /serviços que ajudem no funcionamento ou na utilização dos mesmos. EXEMPLO: uma empresa, como o Boticário, possui diversos fornecedores, desde vidros, tampas, entre outros. Além dos fornecedores, possuem como parceiros os franqueados que vendem os produtos de sua marca. Em relação a produtos complementares, entenda-se como uma fábrica de computadores que busca parceria com uma empresa que trabalha com sistemas operacionais.

EXEMPLO: *uma empresa, como o Boticário, possui diversos fornecedores, desde vidros, tampas, entre outros. Além dos fornecedores, possuem como parceiros os franqueados que vendem os produtos de sua marca*

4.1.9 ESTRUTURA DE CUSTOS

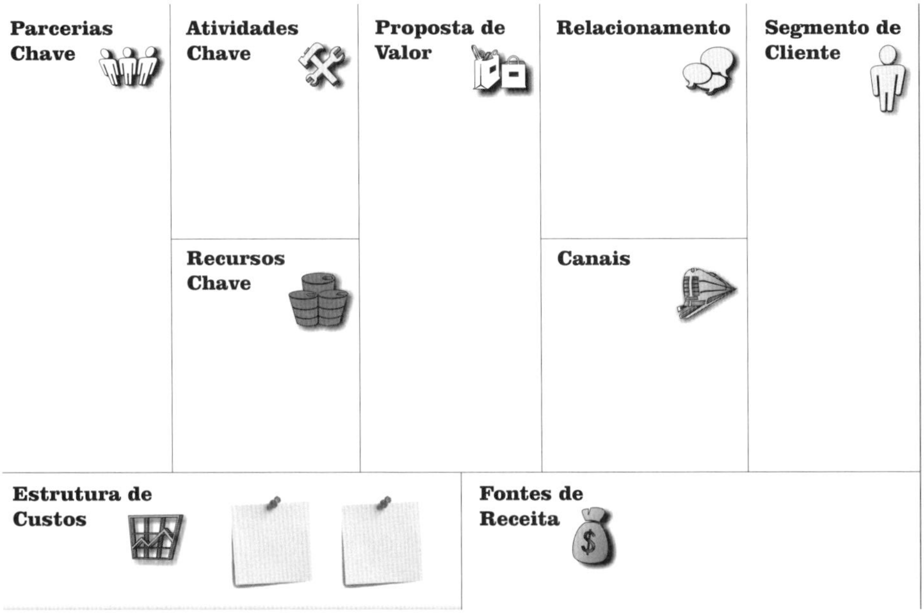

Por fim, vamos colocar os principais custos do negócio. É importante que sejam levantados todos os custos relevantes, como infraestrutura de lojas, valor de publicidade, custos com colaboradores, comissão aos vendedores etc.

A partir do momento que é feito este levantamento, conseguimos visualizar em que precisamos investir no negócio, vendo o que é realmente importante ou com um peso financeiro relevante na empresa.

> EXEMPLO: *tudo relacionado com a infraestrutura da empresa, como elevadores de carro, máquinas de balanceamento e alinhamento, estre outras máquinas de uma oficina, além de funcionários, sistema para gerir o negócio. Tudo que seja relevante deve ser colocado nesta parte.*

Após montar essas nove partes do Modelo Canvas, você poderá visualizar melhor seu negócio e traçar estratégias para que possa fazer que seu empreendimento tenha sucesso. É sugerido que, ao montar este modelo (que está no anexo do livro), utilize *post-its*, pois suas ideias são constantes e tendem a evoluir com a maturação da ideia. Dessa forma, terá mais liberdade para modificar, acrescentar ou retirar alguma informação.

Claro que o Modelo Canvas é apenas uma ferramenta de negócios que ajuda a montar estratégias capazes de posicionar da melhor forma possível uma organização. Entretanto, para um detalhamento de um negócio com informações mais específicas e dados mais concretos, se faz necessário que se utilize a próxima ferramenta a ser apresentada: O Plano de Negócios.

4.2 PLANO DE NEGÓCIOS

O Plano de Negócios, visto de forma simplista, pode se dizer que é o instrumento que estabelece os caminhos para consecução dos objetivos.

É isso? É. Só que vai mais além. O Plano de Negócios, antes mesmo de tratar do negócio em si, dos objetivos e meios para alcançá-los, deve deixar transparecer a radiografia da empresa para que se possa ter uma visão sistêmica do empreendimento para compreender os objetivos traçados em toda sua plenitude, fornecendo elementos para uma análise do seu conteúdo, e para se tirar conclusões sobre a sua viabilidade.

Ou seja, mesmo que os números indiquem a viabilidade do empreendimento, o seu alcance depende de fatores diversos e não apenas dos ligados às expectativas do empreendedor ou seu do executivo.

São muitas as opções de modelos de Plano de Negócios existentes no mercado. O que é apresentado a seguir tem uma estrutura simples, pela sua facilidade de manuseio, e ao mesmo tempo completa as variáreis que abordam sua composição.

É a seguinte estrutura sugerida:

4.2.1 SUMÁRIO EXECUTIVO

Consiste na descrição de informações importantes e relevantes ao planejamento, destacando as perspectivas de resultado, levando em consideração os valores absolutos (em reais) e relativos (%) esperados, estes últimos sob a forma de lucratividade e rentabilidade, bem como o tempo, este representado pelo prazo de retorno e pelo período de execução do projeto.

O sumário executivo já deverá dar um norte ao leitor, proporcionando de pronto a visão de que se pretende com o Plano de Negócios que se inicia.

4.2.2 APRESENTAÇÃO DA EMPRESA

Na apresentação, devem ser disponibilizados os seguintes dados:

a. **Razão social** | Nome da empresa na forma registrada na Junta Comercial.
b. **Endereço completo** | Rua, número, complemento, CEP, bairro e cidade.
c. ***E-mail* institucional e telefones** | É importante se separar a comunicação institucional da comunicação dos donos, sócios ou diretores da empresa.
d. **Seus credos básicos** | Os credos básicos, como já dito no capítulo sobre planejamento, são os valores da empresa e devem servir de sustentação para o seu comportamento no mercado, na comunidade, em relação ao futuro. Eles devem ser coerentes com os credos definidos pela empresa.

i. NEGÓCIO | Deve retratar a atividade-fim da empresa.
ii. MISSÃO | Este deve ser utilizado para retratar o seu propósito em relação aos clientes e à comunidade.
iii. VISÃO DE FUTURO | Aqui deverá ser anotada a metamacro da empresa, aquela que será atingida ao longo do tempo, aquela que representa o lugar onde a empresa pretende estar dentro de um período de tempo preestabelecido.

e. **Forma jurídica** | Indicar a natureza jurídica da empresa. Se sociedade empresária, sociedade simples, empresário etc.
f. **Enquadramento tributário** | Especificar os enquadramentos tributários federal, estadual e municipal, de modo que se possa avaliar os impactos dos tributos do negócio da empresa.
g. **Composição do capital social** | Deve ser indicado o nome de cada sócio,com sua participação na empresa, tanto em valores absolutos, quanto em valores relativos. No caso de uma Sociedade Anônima (S.A), deve ser indicada a quantidade de ações preferenciais ao portador e nominativas,seguidas do percentual que correspondem na composição do capital social da empresa.
h. **Organograma atual** | A apresentação do organograma se faz importantepara uma eventual reestruturação da empresa, tornando-a mais leve e rápidana obtenção de resultados.
i. **Sócios ou diretores** | A identificação dos sócios ou diretores é um dadoimportante a ser colocado, considerando que o Plano de Negócios podeultrapassar as fronteiras da empresa ou mesmo, quando se tratar de umaempresa com vários sócios ou diretores, como uma Sociedade Anônima,por exemplo, o Plano deve adequar as ações a serem adotadas, maximizandoa utilização das competências disponíveis na organização, além defacilitar o contrato, quando se fizer necessário. Neste espaço, devem seridentificados: nome, endereço, e-mail, telefone(s), uma descrição suscintadesuas competências, além das atribuições de cada um.

4.2.3 HISTÓRICO FINANCEIRO

O quadro representativo do histórico financeiro deve apresentar os últimos três anos e ser dividido em duas partes:

a. **SINTÉTICO**

Que apresenta o faturamento bruto total de cada um dos anos passados.

b. **ANALÍTICO**

Que destaca o produto e considera sua importância para a empresa, individualizando o faturamento e o lucro de cada um.

4.2.4 PRODUTOS E SERVIÇOS

Neste campo em ordem decrescente de importância financeira para a empresa, deverão ser listados os principais produtos, se distinguido os atuais dos novos, aí considerados os de lançamento recentes, com menos de seis meses e os a serem lançados a partir da implementação do Plano de Negócios.

Alguns fatores devem ser observados pela empresa quanto à elaboração do Plano de Negócios, notadamente se há o propósito de lançar novos produtos ou serviços, são eles:

a. O potencial de vendas da empresa para fazer face à nova oferta.
b. O público-alvo.
c. A área de abrangência, ou seja, o espaço geográfico que será alcançado pelos novos produtos e serviços.
d. As estratégias de lançamento e promocionais.
e. O ambiente e as tendências de mercado.
f. A política econômica e os aspectos sociais e culturais que possam afetar os negócios da empresa ou de clientes.
g. As tendências tecnológicas, comparando-as com a atualização da empresa.
h. Observar e analisar as tendências de fornecedores e distribuidores.
i. Pesquisar entre atuais clientes quais suas expectativas em relação ao mercado e aos seus produtos.
j. Analisar os pontos fortes e fracos no ambiente interno e as ameaças e oportunidades oferecidas pelo ambiente externo.
k. Mensurar o ambiente negocial, levantando as necessidades dos clientes efetivos e potenciais sob a ótica da posição da empresa e sua atuação.
l. A concorrência se apresenta como fator que carece de cuidados no ambiente externo e, por esta razão, deve ser tratada isoladamente, também sob a ótica da posição da empresa e sua atuação, analisando seus pontos fortes e fracos e as oportunidades e ameaças que representam.

Também se faz necessário levantar os produtos e/ou serviços na perspectiva a novos lançamentos, observando:

a. Previsão para os próximos 12 meses.
b. Potencial de venda em relação a esses novos produtos e serviços.
c. Público-alvo: perfil dos clientes aos quais se destinam os produtos ou serviços.
d. Área de abrangência: localização geográfica dos clientes.
e. Estratégias promocionais: meios de promoção e divulgação.

4.2.5 AMBIENTE E TENDÊNCIAS

Aqui serão analisados aspectos ligados à política, à economia, à sociedade, à cultura, à tecnologia, aos fornecedores, aos distribuidores, aos clientes e às suas tendências, identificando como o ambiente e as tendências possam afetar os negócios da empresa, seus clientes ou dos fornecedores.

4.2.6 ANÁLISE DOS PONTOS FRACOS E FORTES, DAS OPORTUNIDADES E AMEAÇAS – SWOT

Levantamento das forças e fraquezas da empresa, analisando assim seu ambiente interno, além da visualização das oportunidades e ameaças que o mercado proporciona, analisando o ambiente externo. No próximo capítulo, a "Análise SWOT" será mais destrinchada.

4.2.7 RECURSOS HUMANOS

Os principais executivos, as suas formações e as experiências devem ser colocados nesta fase, bem como a eventual necessidade de pessoal, especificando-se o cargo ou a função e a qualificação desejada.

4.2.8 MACROESTRATÉGIA

Observadas todas as questões até agora apresentadas, a empresa deve voltar sua atenção para a macroestratégia e estabelecer metas para um futuro considerado exequível, por exemplo, três anos.

Para este fim, a empresa pode fazer uma previsão para um mês, por exemplo, e então estabelecer valores relativos de crescimento do decrescimento dos itens em análise, cujos modelos de planilhas apresentadas ao final, vindo a preencher os principais campos da macroestratégia após análise da efetiva possibilidade de atingir os objetivos.

Algumas das expectativas tratadas na macroestratégia devem ser transcritas no campo EFEITO, do Formulário de Causa e Efeito, apresentado mais à frente, para que sejam devidamente tratadas.

A seguir são apresentadas as metas que devem compor a macroestratégia da empresa, seguidas, em alguns casos, de informações adicionais, a título de ilustração, pois cada empresa tem sua própria realidade, devendo ser promovidas as pertinentes adaptações:

a. **Investimentos fixos:**
   - ◇ Máquinas.
   - ◇ Equipamentos.

◇ Veículos.

b. **Investimentos financeiros**

◇ Estoque inicial.

◇ Capital de giro.

c. **Investimentos pré-operacionais:**

◇ Abertura da empresa.

◇ Obras e reformas.

◇ Publicidade e propaganda.

◇ Formação de pessoal.

d. **Faturamento**

◇ Este item deve ser descrito considerando-se os produtos ou serviços isoladamente, em ordem decrescente de representatividade em relação ao faturamento da empresa.

◇ Em se tratando de empresas com número muito grande de itens, o detalhamento deve ser por segmento ou grupo de produto ou serviço.

e. **Custos fixos**

◇ Compõem os custos fixos das empresas aqueles não ligados diretamente à produção de bens ou serviços, ou seja, aqueles que havendo ou não produção, registrando-se ou não aumento ou diminuição da oferta, estes não serão alterados.

- Por exemplo: Aluguel, água, luz, honorários do contador, material de limpeza etc.

f. **Custos variáveis**

◇ Quanto aos custos variáveis, é importante analisá-los produto a produto, serviço a serviço ou, em caso de grande volume, segmento a segmento, de modo que sejam identificados os custos reais pois muitas vezes, quando se aplica a regra 80 – 20, se percebe que 80% dos produtos são responsáveis por 20% do custo, e que os 20% restantes de produtos absorvem os 80% restantes. Diante de uma situação como essa, há de se analisar a conveniência e oportunidade de se manter determinado produto ou serviço ou mesmo um segmento inteiro.

◇ Para quantificação dos custos variáveis, devem ser levantados os seguintes custos:

- De produtos vendidos.
- De comercialização.
- De mão de obra.

◇ Para cada um dos custos ao final da parte teórica, estão disponibilizadas planilhas específicas, sujeitas a adaptações, se necessário.

g. **Depreciação**

◇ Devem ser consideradas as depreciações dos ativos segundo a ótica da legislação vigente, sem deixar de considerar o aspecto financeiro.

h. **Demonstração de resultados financeiros**

- ◇ Com base em todas as estimativas já colocadas, deverá ser levantada a demonstração dos resultados financeiros.
- ◇ Embora apresente algumas características da DRE – Demonstração de Resultados do Exercício, utilizada na contabilidade, a DRF - Demonstração de Resultados Financeiros, aqui tratada, apresenta uma perspectiva de resultados futuros enquanto aquela registra um comportamento contábil de valores já realizados.

i. **Número de colaboradores**

- ◇ Quando da análise do número de colaboradores, há de se levar em consideração a qualidade desses colaboradores.
- ◇ Falando de forma mais objetiva, os colaboradores concorrem diretamente para quantidade e qualidade da produção, refletindo o resultado observado na lucratividade da empresa.
- ◇ Assim, embora esteja sendo sugerida a quantificação dos colaboradores necessários para que se cumpra o Plano de Negócios a ser elaborado, é importante que esses colaboradores sejam avaliados, de mesma forma que é importante manter o controle de qualidade dos produtos e serviços.
- ◇ Nas próximas páginas, serão tratadas ferramentas que proporcionam a definição de responsabilidades, a rotinização dos serviços e os instrumentos avaliativos de cada situação, favorecendo a busca da melhoria contínua, já tratada no capítulo que trata do PDCA.

j. **Número de produtos e/ou serviços**

- ◇ A estimativa de número de produtos e serviços também deve ser feita com critério, observando-se todos os fatores elencados, sem deixar de contar com certa ousadia.

k. **Número de clientes**

- ◇ Quanto a este fator, é importante também que se esteja atento aos dados anteriormente levantados, porém, mais importante que isso é o real potencial de mercado. Não se pode prever uma expectativa de crescimento acima do que o mercado disponibiliza nem se pode prever uma expectativa abaixo das potencialidades, sob pena de a concorrência vir a ocupar um espaço que pode ser da empresa. Se for o caso, deve se rever toda parte anterior do planejamento, adequando-o ao potencial de crescimento existente, sempre levando em consideração certo otimismo.

l. **Lucratividade**

- ◇ A lucratividade será o resultado da aplicação do que for planejado, com o devido acompanhamento e ajustes, se for o caso para que se cumpra e até se supere os resultados previstos.

m. **Rentabilidade**
   ◇ Este fator, a exemplo de lucratividade, será reflexo de um planejamento ousado, mas feito com a melhor técnica administrativa, baseado nos reais fatos e nas reais possibilidades internas e externas.

4.2.9 *MARKETING*

Para estabelecer o plano de *marketing*, devem ser definidas estratégias para os seguintes itens:

a. Produtos.
b. Preços.
c. Praça.
d. Promoção.
e. Clientes.
f. Fornecedores ou distribuidores.
g. Concorrência.
h. Vendas.

Na elaboração dessas estratégias, deverá ser considerado todo o Plano de Negócios.

Como ferramenta facilitadora fica a indicação do 5W2H, apresentada mais adiante, em conjunto ou isoladamente com outras ferramentas que também serão apresentadas.

4.2.10 AVALIAÇÃO

O Plano de Negócio, como dito no início, deve ser instrumento de permanente uso na empresa, devendo ser renovado automaticamente, validando-se o que estiver correspondendo ou superando as expectativas e corrigindo eventuais desvios, seja pela falha na concepção, seja pela própria dinâmica que o envolve.

Atingir ou não os resultados esperados, verificar os desvios, validar os procedimentos só podem ser identificado se o que foi planejado for avaliado.

Esta avaliação será feita mediante o acompanhamento do que foi planejado, mês a mês, durante todo o período considerado.

A seguir, serão disponibilizados formulários para preenchimento de um Plano de Negócios, algumas planilhas, inclusive uma destinada a avaliação do processo de implantação do Plano de Negócios.

Junto com o conjunto de planilhas a seguir, há uma destinada à avaliação do Plano de Negócios e, naturalmente, poderá ser adaptada às eventuais mudanças promovidas em relação ao modelo de plano ora apresentado.

4.3 Estudo de caso

Um dos autores deste livro, Mário Tabosa, teve oportunidade de passar por uma grande empresa que nos anos 1990 entendeu que o planejamento deveria ser estendido a todas as suas unidades espalhadas pelo País, não ficando restrito aos técnicos de gabinete lotados em Brasília e sem conhecimento das realidades das praças onde ainda hoje atua a empresa. A empresa então determinou que suas unidades trabalhassem o planejamento operacional para o primeiro semestre do ano seguinte.

Suas superintendências, preocupadas com os poucos resultados observados nos mais longínquos recantos do país, cuidou de fazer entender aos gestores das unidades de ponta, nas entrelinhas das conversas, a necessidade de se passar uma perspectiva de resultado, além das reais possibilidades, de modo a dar à diretoria da empresa uma previsão de resultado financeiro estupendo, enfim, mostrar uma fantasia. Dentro da ética que deve nortear o comportamento profissional, o autor procedeu, à época, a um planejamento técnico que levou em consideração todos os fatores que envolviam as atividades da empresa em questão, a comunidade, o corpo funcional, a concorrência, o potencial da praça e a perspectiva de receitas dentro dos limites legais, entre elas o respeito ao consumidor e apresentou então sua previsão orçamentária.

Entre outros fatores, foram considerados o tempo de vida do bairro e a população que o formara. Era um bairro novo, constituído de famílias de baixa, o comércio formado por empreendedores individuais, a maioria trabalhando de maneira informal; as possibilidades de negócios de vulto eram pequenas e caberia à empresa arcar com o ônus até se alcançar o desempenho econômico da região, que apresentava boas perspectivas, mas não no curto prazo como se esperava.

A expectativa de resultado, aos olhos da Superintendência foi pífio, muito aquém do que esperava, porém dentro da realidade que a boa técnica administrativa recomendava e recomenda.

Diante desse quadro, o autor foi transferido para outra unidade e o substituto só conseguiu atingir o resultado estimado pelo antecessor mediante adoção das medidas por este sugerida.

Pode se concluir que o executivo, seja ele ou não titular do empreendimento, deve fazer o seu planejamento, observando a boa técnica administrativa e assim fornecendo todos os elementos necessários a uma boa análise.

No apêndice deste livro, serão apresentados, a título de sugestão, formulários que poderão ser utilizados na confecção no Plano de Negócios da sua empresa.

4.4 CONTROLE DE QUALIDADE

Diversas são as formas, as fórmulas e os meios de se fazer o controle de qualidade. Aqui vamos abordar superficialmente algumas delas e mais detalhadamente as que serão usadas na Gestão de Resultados aqui proposta.

Naturalmente, a empresa pode ter ou desenvolver seu próprio controle de qualidade ou adotar outro modelo não aqui tratado, o que não invalida o propósito, afinal de contas o que se pretende gerenciar é o resultado, pois precisamos, tão somente, dispor de dados para início do processo. Assim, serão apresentadas algumas ferramentas como sugestão de controle de qualidade, ferramentas essas que serão divididas em ferramentas diagnósticas e ferramentas de acompanhamento.

4.4.1 FERRAMENTAS DE DIAGNÓSTICO – ANÁLISE *SWOT*

No capítulo anterior, quando se falou em Plano de Negócios, foi citada a parte de levantamento de forças (*strenghts*), fraquezas (*weakness*), oportunidades (*oportunities*) e ameaças (*threats*). O levantamento desses fatores é denominado Análise SWOT ou em nosso português, Análise FOFA (forças, oportunidades, fraquezas e ameaças). Foi criado por Albert Humphrey para servir de análise de um ambiente (ou cenário), em que se busca enumerar fatores internos e externos que podem influenciar no projeto, neste caso, no Plano de Negócios.

Na análise interna, é realizada uma avaliação dos pontos fortes e dos pontos fracos da organização, sendo analisados ativos, recursos, habilidades e diferenciais competitivos negativos ou positivos em relação às outras organizações do mesmo ramo. Esses fatores internos geralmente possuem uma força motriz que levam *stakeholders* a distinguirem essa empresa das demais, sendo eles negativos ou positivos. Dessa forma, esses fatores podem ser controlados pela organização e modificados quando necessário.

Na análise externa, é feito um levantamento das oportunidades e das ameaças da organização. Nesse ponto, são analisados fatores econômicos, geográficos, sociais, legais etc., sempre relacionados ao mercado externo. Os fatores externos possuem um poder de imprevisibilidade e dificilmente podem ser controlados pela organização. Esta deve se adaptar à nova realidade.

Dessa forma, esta é uma ferramenta importante para a formação das estratégias das empresas, sempre levando em consideração a análise, trabalhando em cima dos pontos fracos, buscando melhorá-los, aproveitando as oportunidades que podem vir a surgir, se preparando para possíveis ameaças e fortalecendo cada vez mais os pontos fortes.

A seguir, há um modelo para a montagem de uma Análise *SWOT*:

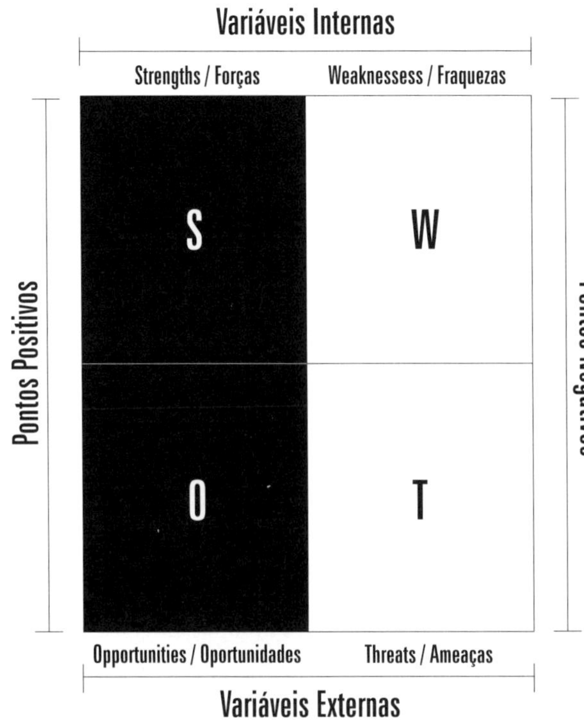

Após o levantamento desses fatores, poderemos diagnosticar de que forma mais correta as futuras estratégias das empresas. Utilizando esta ferramenta corretamente e sem influências negativas, pode-se construir um cenário capaz de abrir a mente do empresário ou da equipe gestora, tendo assim um guia de fatores para traçar um novo caminho, lembrando sempre da importância dessa avaliação ser atualizada, principalmente na parte de ameaças, visto a dinâmica que possui o mercado e o mundo corporativo.

4.4.2 FERRAMENTAS DE DIAGNÓSTICO – GRUPO FOCAL

Uma excelente forma de se fazer uma análise geral sobre determinada situação ou produto chama-se GRUPO FOCAL. Trata-se de um método de pesquisa qualitativa em que o grupo pesquisado se expressa por meio da fala, analisam-se também as impressões e os conceitos apresentados pelo grupo, diferenciando um pouco da análise de simples dados.

Ela deve possuir uma formação de pelo menos 4 pessoas e no máximo 12, pois o grupo deve ser pequeno suficiente para que todos tenham a oportunidade de expor suas impressões e grande o suficiente para se obter maior diversidade de opiniões.

Este grupo deve ser roteirizado com a proposta de analisar principalmente o público-alvo da organização, lembrando que a coleta de informações devem ser geradas pelos debates e opiniões pessoais de cada participante, sendo guiados por um mediador que busca coletar essas informações de forma que elas sejam úteis para a finalidade da pesquisa.

Para o sucesso dessa pesquisa, o mediador deve ser estar preocupado em não polarizar em alguém o grupo, buscando a participação e a opinião máxima de todos os participantes, sempre contendo as divergências que houver, buscando sempre informações relevantes para o resultado final. Portanto, o mediador é a peça principal para o sucesso do GRUPO FOCAL.

O GRUPO FOCAL deverá ser gravado para a análise dos resultados, mas poderemos adaptar para uma realidade microempresarial, utilizando apenas a gravação do áudio no próprio celular, desde que fique audível para que seja escutado posteriormente.

Assim, após coletadas as informações por meio de anotações importantes do mediador, além do áudio/vídeo da gravação da pesquisa e de suas próprias conclusões/recomendações, que foram realizadas na hora do grupo, poderá ser feito um relatório final do GRUPO FOCAL - parte mais difícil da pesquisa.

Mesmo sendo uma ferramenta de diagnóstico bastante útil, ela possui suas falhas devido à forma de captação ou a quantidade de pessoas pesquisadas. Entretanto, essa é uma ferramenta que buscas ideias criativas para problemas simples, opiniões divergentes sobre a mesma situação. O principal é escutar "a voz" do público-alvo, ou seja, ouvir diretamente o cliente.

A seguir, há um modelo de roteiro de GRUPO FOCAL para exemplificar a ferramenta:

Bloco 1

PERGUNTAS	TEMPO
O que o trabalho significa na vida das pessoas?	15'
Os funcionários do Banco conhecem o trabalho que realizam? * O que existe na realidade de trabalho que facilita o conhecimento do trabalho realizado? * Quais são os fatores que impedem os funcionários de conhecer o trabalho que realizam? * O quanto cada um de vocês conhece o trabalho que realiza?	10'
Vocês acreditam que os funcionários do Banco têm a possibilidade de interferir, mudar o trabalho que realizam? * De que forma eles interferem, mudam o trabalho? * Por que não conseguem fazer isso? * E vocês possuem possibilidade de interferir e mudar o trabalho que realizam? * De que forma vocês fazem isso? * O que impede vocês de fazê-lo?	10'

Bloco 2

PERGUNTAS	TEMPO
Como vocês vêem as relações entre os funcionários nas equipes de trabalho? * Relações entre os funcionários e o gerente / chefe? * Explorar também como estão as relações nas equipes dos participantes.	30'
Prazer e sofrimento no trabalho: * Existência do prazer / sofrimento - Vocês acham que existe prazer no trabalho entre os funcionários do Banco? E vocês acham que existe sofrimento no trabalho entre os funcionários do Banco? * Características do prazer / sofrimento - O que caracteriza o prazer no trabalho entre os funcionários do Banco? Como os funcionários expressam o sofrimento no trabalho? * Causas da existência ou da inexistência do prazer / sofrimento - Por que vocês acham que não existe prazer no trabalho entre os funcionários do Banco? Quais são as causas do sofrimento existente na organização?	10'

4.4.3 FERRAMENTAS DE DIAGNÓSTICO – *SURVEY*

As *SURVEY* são pesquisas de opinião de caráter quantitativo, diferentemente do GRUPO FOCAL, que é de caráter qualitativo. Elas buscam a opinião de pessoas ou de determinado grupo predefinido, visando sempre analisar ou diagnosticar determinado questionamento.

Empregada nas mais diversas áreas do conhecimento, esse tipo de pesquisa envolve a coleta de dados por meio de entrevistas aplicadas a uma amostra selecionada do público-alvo da pesquisa, sempre baseada em uma metodologia científica.

Este tipo de pesquisa pode ser relacionado pela forma em que se coletam os dados necessários, em que mais utilizados são: correios, telefone e entrevistas pessoais. Entretanto, nos últimos anos, uma forma de coleta de dados vem sendo bastante utilizada, a internet. Nela, as pesquisas são respondidas mais rapidamente e sem necessariamente uma necessidade de deslocamento de cidade ou até mesmo de país. As redes sociais também ajudaram a identificar determinados grupos de pessoas, facilitando assim o contato com um público-alvo específico. Porém, cada aplicação nos canais de comunicação possuem características específicas, que veremos abaixo:

- **Entrevistas por telefone:** método eficiente de coleta para situações que exigem rápidos resultados. Possui limitações para públicos que não possuem telefone e para identificação de contatos do público-alvo. Existe a necessidade de um bom banco de dados para maior eficácia dessa metodologia.
- **Entrevistas pessoais:** o questionário é preenchido por meios de uma entrevista pessoal conduzida por um coletor de dados devidamente treinado para a sua realização. O tempo utilizado neste tipo de pesquisa varia de acordo com o número de pessoas que aplicarão o questionário e o tempo que leva a aplicação do questionário. É utilizado quando o universo a ser estudado é composto, por exemplo, pela população do país, do estado ou da cidade e quando as informações a serem coletadas são mais complexas.
- **Internet:** os questionários pela *web* são uma estratégia interessante a ser empregada na coleta dos dados, desde que se tenha um conhecimento do *mailing* da população em estudo, ou seja, quando se conhece os endereços eletrônicos de todos os indivíduos que se pretende analisar. Quando os *links* são enviados pelas redes sociais, se há um conhecimento do público a ser atingido, esse problema de certa forma é sanado, obtendo-se um resultado favorável.

Claro que nesse tipo de pesquisa pode haver alguns problemas como na coleta de dados, na elaboração do questionário, no processamento dos dados colhidos e, principalmente, na análise dos dados, pois, como as respostas são em sua maioria de escolhas, a análise desses dados acaba sendo objetiva demais, deixando alguns pontos importantes que poderiam ser mais bem analisados em uma pesquisa como o GRUPO FOCAL.

4.4.4 FERRAMENTAS DE ACOMPANHAMENTO – FOLHA DE VERIFICAÇÃO

A primeira ferramenta de acompanhamento ser abordada é a FOLHA DE VERIFICAÇÃO. Este instrumento é utilizado para quantificar a incidência de não conformidades ou mesmo de insatisfação do cliente com o produto ou serviço, ou seja, nela são registrados os fatos e as informações a ele referentes

Para este fim não se pode apenas observar as falhas, deve-se coletar os dados de forma planejada, seguindo a seguinte orientação:

1. Determine o que, como, por quem e durante quanto tempo será observado.
2. Elabore um formulário claro e objetivo, nomeando cada campo e disponibilizando espaço adequado para os registros nos quais os dados

possam ser anotados, lidos e interpretados de forma inequívoca.

3. Verifique a adequação do tempo determinado para coleta dos dados com a efetiva disponibilidade de tempo.
4. Colete os dados de forma consciente e honesta.

Na folha de verificação, os itens a serem observados já deverão estar impressos, devendo ser elaborada um tipo de folha para cada categoria. A seguir, há um formulário em que é apresentado um modelo de folha de verificação seguido do desenho do item a ser observado.

<table>
<tr><th colspan="5">FOLHA DE VERIFICAÇÃO</th></tr>
<tr><td>Produto:</td><td></td><td>Data:</td><td rowspan="13">Percentual acumulado</td><td rowspan="13">Incidências acumuladas</td></tr>
<tr><td></td><td></td><td></td></tr>
<tr><td>Estágio de fabricação:</td><td></td><td>Seção:</td></tr>
<tr><td>Inspeção final</td><td></td><td></td></tr>
<tr><td>Tipo de defeito:</td><td></td><td>Inspetor:</td></tr>
<tr><td>Marcas na superfície, amassos, arranhões, deformação e trincas</td><td></td><td></td></tr>
<tr><td>Total inspecionado:</td><td></td><td>Lote n°:</td></tr>
<tr><td>1.525</td><td></td><td></td></tr>
<tr><td>Observações:</td><td></td><td>Pedido n°:</td></tr>
<tr><td>Todos os itens inspecionados</td><td></td><td></td></tr>
<tr><td>DEFEITO</td><td>Incidências</td><td>Incidências</td></tr>
<tr><td>Arranhões</td><td>//// ////
//// ////
///// /</td><td>26</td><td>41,9%</td><td>26</td></tr>
<tr><td>Marcas na superfície</td><td>///// ////
//// //</td><td>17</td><td>69,4%</td><td>43</td></tr>
<tr><td>Amassos</td><td>//// ////</td><td>11</td><td>87,1%</td><td>54</td></tr>
<tr><td>Trincas</td><td>////</td><td>5</td><td>95,2%</td><td>59</td></tr>
<tr><td>Deformação</td><td>///</td><td>3</td><td>100,0%</td><td>62</td></tr>
<tr><td>TOTAL:</td><td></td><td>62</td><td></td><td></td></tr>
</table>

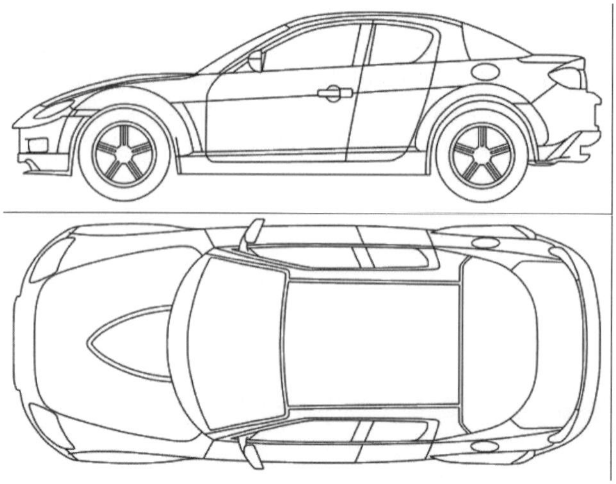

Desenho nº 1

Efetuadas as verificações de determinado processo, deve-se estabelecer a prioridade na solução dos problemas e, para este fim, se pode utilizar a ferramenta DIAGRAMA DE PARETO, que veremos a seguir, estabelecendo a prioridade em função do número de ocorrências.

Além da ferramenta CARTA DE CONTROLE, existem outras utilizadas em programas de gestão, inclusive na Gestão da Qualidade e Produtividade, como, por exemplo:

- CARTA DE TENDÊNCIA: utilizadas para verificação durante um período a existência de alterações nos valores médios esperados.
- HISTOGRAMA: gráfico que revela as variações existentes em um processo, considerando, por exemplo, dimensões, temperatura etc.
- DIAGRAMA DE DISPERSÃO: usado para estudo da relação entre duas variáveis.
- CARTAS DE CONTROLE: serve para verificar os valores medir os valores médios dos limites superiores e inferiores de conformidade.
- ESTRATIFICAÇÃO: usada para analisar dados e pesquisar oportunidades de melhoria.

4.4.5 FERRAMENTAS DE ACOMPANHAMENTO –DIAGRAMA DE PARETO

Também chamado de Gráfico de Pareto, construído a partir da concepção do economista italiano Vilfredo Paredo que diagnosticou que 20% da rentabilidade de uma empresa advêm de 80% dos seus esforços para obtê-la e que 80% da rentabilidade exige apenas 20% do esforço desprendido. Conclui-se que um determinado percentual de esforços gera um determinado percentual de resultados.

Trazido este conceito para a qualidade pelo Dr. Juran, observou que o princípio é universal, podendo ser aplicado em diversas situações e que, por exemplo, aplicando o princípio na teoria da qualidade, se tem que 80% das causas geram 20% dos efeitos indesejáveis e que 20% das causas são responsáveis por 80% dos efeitos indesejáveis.

Pela teoria do economista aplicada à qualidade, ao se trabalhar na solução das causas que geram o maior número de efeitos indesejáveis se tem melhora significativa no curto prazo.

Resolvem-se os problemas em ordem decrescente, primeiro aqueles que causam um dano maior e por fim aqueles que, embora em maior número, causam um dano menor.

O Diagrama de Pareto é utilizado nas seguintes situações:

a. Na seleção dos problemas que serão como projetos de melhoria de qualidade.
b. Na identificação do problema, que é o primeiro passo do MASP (método de análise e solução dos problemas).
c. Na identificação das causas fundamentais do problema.
d. Na comparação entre o antes e o depois de uma ação corretiva.

Para elaborar o Diagrama de Pareto, deve-se selecionar os problemas a serem resolvidos e estabelecer determinada ordem, por meio de:

- VERIFICAÇÃO DE REGISTROS: utilizando dados existentes, por meio de uma folha de verificação, como no exemplo a seguir: tomando-se por base os números da folha de verificação já apresentada, (desenho n° 1) se tem o Diagrama de Pareto. Nele, estabelecem-se visualmente quais os fatores que causam ou estão gerando o maior número de efeitos indesejáveis:

NÚMEROS DA FOLHA DE VERIFICAÇÃO

EFEITO	INCIDÊNCIA	INCIDÊNCIAS	% ACUMULADO	INCIDÊNCIAS ACUMULADAS
Arranhões	//// //// //// //// //// /	**26**	**41,9**	**26**
Marcas na superfície	///// //// //// //	**17**	**69,4**	**43**
Amassos	//// //// /	**11**	**87,1**	**54**
Trincas	////	**5**	**95,2**	**59**
Deformação	///	**3**	**100,0**	**62**

DIAGRAMA DE PARETO

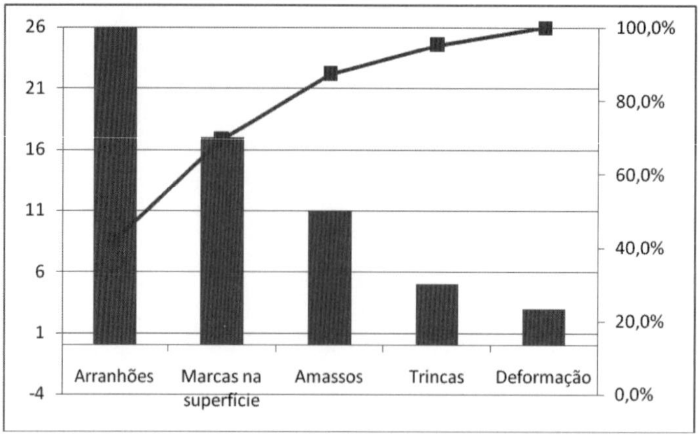

Desenho n° 2

Na folha de verificação, são anotadas as incidências de falhas, no Diagrama de Pareto essas incidências são apresentadas em forma de gráfico e deve ser utilizado para estabelecimento de prioridades levando a uma preocupação maior para os problemas que, resolvidos, causam maior impacto no resultado.

- Não existindo registros de dados, como incidências de falhas, por exemplo, pode ser usado, para identificação dos problemas, a metodologia do *BRAINSTORMING* que permite, a partir das sugestões de um grupo de pessoas, perceber as causas a serem resolvidas para sanar os problemas.

Um pouco mais à frente será citado o *brainstorming*, aplicado junto com outra ferramenta que também será detalhada, será fácil a compreensão do seu funcionamento.

4.4.6 FERRAMENTAS DE ACOMPANHAMENTO – DIAGRAMA DE CAUSA E EFEITO

O Diagrama de Causa e Efeito é conhecido como gráfico de espinha de peixe ou Teorema de Hishikawa, em homenagem ao seu criador. No Diagrama de Causa e Efeito, busca-se, a partir de um efeito desejável, seja resolução de problemas, seja cumprimento de metas, as chamadas causas (ou caminhos) que geram o problema a ser resolvido ou levam ao alcance da meta almejada.

Para aplicação do método, uma vez estabelecido o efeito desejável, também chamado de ocorrência, criam-se categorias as quais são vinculadas às causas e às subcausas.

Essas categorias podem ser tantas quantas sejam necessárias, no desenho a seguir, tem-se um diagrama com as categorias classificadas em MEDIÇÃO, MÃO DE OBRA,

MÉTODO, MEIO AMBIENTE, MÁQUINAS E MATÉRIA-PRIMA, o chamado Diagrama de 6 "emes".

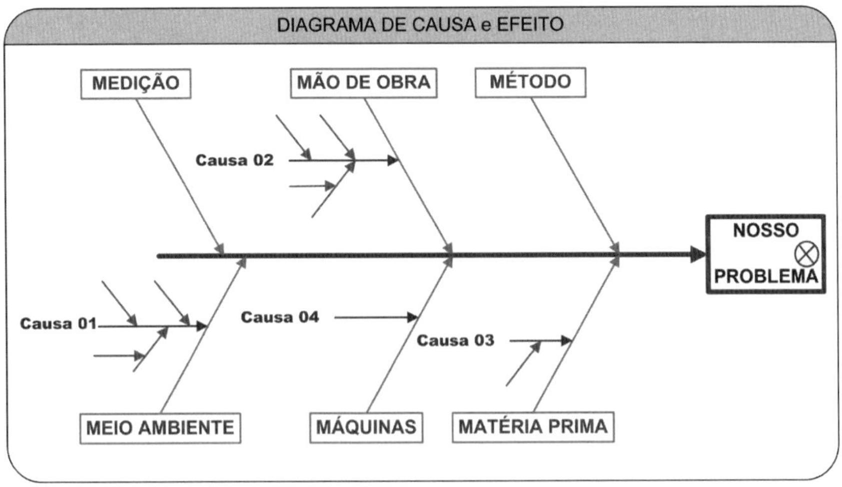

Desenho n° 3

Outros modelos podem trazer categorias diferentes, como, por exemplo:

- QUEDA DO FATURAMENTO DE UM RESTAURANTE:
    - ◇ Atitude do garçom (atendimento).
    - ◇ Espera.
    - ◇ Comida.
    - ◇ Ambiente.
- Se o problema é BOA APRESENTAÇÃO (palestra):
    - Domínio do tema apresentado.
    - ◇ Objetividade.
    - ◇ *Design*.
    - ◇ Simplicidade.
    - ◇ Conhecimento do público.

Claro que devemos saber que cada caso é um caso, e o diagrama deve ser adaptado às peculiaridades e à realidade existentes.

4.4.7 FERRAMENTAS DE ACOMPANHAMENTO – *BRAINSTORMING*

O *brainstorming* cuja tradução literal é TEMPESTADE DE IDEIAS foi concebida por Alex Osborn e tem as seguintes características:

- OBJETIVO:
  - ◇ Encontrar fatos.
  - ◇ Gerar ideias.
  - ◇ Encontrar solução.
- APLICABILIDADE
  - ◇ Desenvolvimento de novos produtos.
  - ◇ Publicidade.
  - ◇ Resolução de problemas.
  - ◇ Gestão de Processos.
  - ◇ Gestão de Projetos.
  - ◇ Formação de equipes.

Por meio desse processo, a chamada raiz da causa não identificada, por exemplo, no Diagrama de Causa e Efeito, vem à tona à medida que a "causa" é posta na mesa de discussão e as pessoas envolvidas passam a expor, publicamente, suas opiniões e estas passam a ser consideradas no contexto do problema que se quer resolver o do objetivo que se quer atingir.

Esta ferramenta permite dissecar a causa (ou o problema) a partir dos diversos conceitos emitidos e assim se busca a melhor solução para elaboração de um plano de ação, para o que é sugerida a metodologia 5W2H, mais à frente comentada.

Antes de se chegar ao Plano de Ação, todavia, hão de ser respeitadas as regras inerentes ao *brainstorming*, quais sejam:

a. Quanto aos pré-requisitos
   i. Deve haver um problema a ser resolvido.
   ii. Deve haver pessoas que tenham ligação direta com o problema ou mesmo com as possíveis causas.
   iii. Deve haver um facilitador para criar condições à motivação dos participantes, sem se impor.
   iv. Deve haver disponibilização de equipamentos como *flip-chart* ou lousa para anotações.
   v. Deve haver concordância de todos com o tema a ser discutido.

a. Quanto à forma:
   - ◇ ESTRUTURADO: funciona franqueando a oportunidade de cada membro fazer uso da palavra e da sua ideia ou opinião sobre o tema, em determinada sequência, que pode ser ordem alfabética, no sentido horário etc.
   - ◇ NÃO ESTRUTURADO; neste caso, as ideias são expostas de forma aleatória, à medida que surgem. Essa segunda opção tende a ser mais produtiva, pois além de deixar o ambiente mais relaxado, permite a colocação das ideias no momento mais oportuno, no momento que surgem.

b. Quanto às regras:
   - ◇ O facilitador orienta a seção.

- ◇ São solicitadas sugestões aos participantes.
- ◇ As ideias devem ser colocadas com as palavras do participante, não as interpretando.
- ◇ Não devem ser aceitas críticas ou sugestões alheias.

c. Quanto aos procedimentos:

- ◇ DEFINIÇÃO DAS CAUSAS:
  - Identificar as causas.
  - Escreva todas as ideias, as críticas e as sugestões.
  - Agrupe as causas parecidas ou vinculadas a determinada categoria, como visto no Diagrama de Causa e Efeito.
  - Estabeleça prioridade usando o GUT, se necessário (esta ferramenta será apresentada mais adiante).
- ◇ CRIAÇÃO DO OBJETIVO:
  - Busque a solução para o problema.
  - Tenha a solução como objetivo.
  - Peça sugestão de solução do problema (objetivos).
  - Escreva todas as sugestões, sem interpretá-las.
  - Agrupe as soluções semelhantes ou iguais.
  - Filtre-as e reagrupe-as colocando em ordem de prioridade. Se necessário, use o GUT.
- ◇ IDENTIFICAÇÃO DOS RECURSOS E OBSTÁCULOS:
  - Peça ao grupo que opine sobre que recursos utilizarem ou que obstáculos a transpor.
  - Escreva todas as sugestões, sem interpretá-las.
  - Agrupe os recursos ou obstáculos semelhantes ou iguais.
  - Filtre-os e reagrupe-os colocando em ordem de prioridade. Se necessário, use o GUT.
- ◇ IDENTIFICAÇÃO DA ESTRATÉGIA:
  - Peça sugestões de estratégias.
  - Escreva todas as sugestões, sem interpretá-las.
  - Agrupe os recursos ou obstáculos semelhantes ou iguais.
  - Filtre-os e reagrupe-os colocando em ordem de prioridade. Se necessário, use o GUT.
- ◇ RESUMO DAS DECISÕES – ao final, será obtido, de forma resumida:
  - O problema.
  - Os objetivos.
  - Os recursos.
  - Os obstáculos.
  - A estratégia.

Diante das conclusões a que se chega com o trabalho, a orientação é que se leve à diretoria para análise e para implementação dos meios indicados, em princípio, necessários para consecução dos objetivos.

O que se observa, entretanto, é que o resultado do *brainstorming* é subjetivo, e um caminho a ser utilizado para sua objetividade é a ferramenta GUT – gravidade, urgência e tendência, que será mostrada a seguir.

4.4.8 FERRAMENTAS DE ACOMPANHAMENTO – GUT – GRAVIDADE, URGÊNCIA E TENDÊNCIA

GUT é uma metodologia criada pelos pensadores Kepner e Tregoe e tem por finalidade o estabelecimento da predominância interna (pontos fortes e fracos) e externa (oportunidades e ameaças) das organizações, quando da elaboração de seus planejamentos. O termo GUT é formado pelas iniciais das palavras gravidade, urgência e tendência.

O mesmo princípio pode ser utilizado para fins de tomada de decisão, estabelecendo o que é mais ou menos prioritário dentro de determinado contexto.

Assim, os itens sob análise, seja a resolução de problemas, sejam os investimentos a ser realizados, são elencados e sobre eles são estabelecidos escores para os fatores G, U e T; esses escores são multiplicados um pelo outro e o resultado é uma pontuação.

Os itens elencados, dessa forma, são colocados em ordem decrescente, de modo que o item que apresentar maior pontuação deve ser objeto de priorização na tomada de decisões e ocupará o primeiro lugar na lista.

O GUT também pode ser utilizado para democratizar a tomada de decisão e evitar reuniões intermináveis sobre temas que carecem de decisões. Para essa democratização, podem ser estabelecidos tantos GUTs quanto sejam as pessoas cuja opinião é importante para a tomada de decisão.

Quando do estabelecimento do(s) tema(s) a ser(em) objeto(s) de decisão, estabelece-se, também, a quantidade de GUTs a ser preenchida, numerando-se cada um dos formulário e atribuindo a responsabilidade pelo preenchimento a cada uma das pessoas responsáveis. À medida que cada um vai preenchendo o formulário, o formulário de fechamento vai acumulando os números e estabelecendo a prioridade dos temas.

Para o perfeito funcionamento do sistema, é fundamental que se estabeleça uma data-limite para o preenchimento do formulário.

Para estabelecimento dos escores, deverão ser respondidas às perguntas a seguir, podendo ser adequadas a cada tema ou situação proposta. Vejamos:

GRAVIDADE

PERGUNTAS	PONTUAÇÃO
O dano é extremamente importante?	5
O dano é muito importante?	4
O dano é importante?	3
O dano é relativamente importante?	2
O dano é pouco importante?	1

URGÊNCIA

PERGUNTAS	PONTUAÇÃO
A ação é bastante urgente?	5
A ação é urgente?	4
A ação é relativamente urgente?	3
É possível aguardar para tomar a decisão?	2
Não há pressa para a decisão?	1

TENDÊNCIA

PERGUNTAS	PONTUAÇÃO
Mantida a forma e intensidade de atuação, a situação vai piorar (crescer)?	5
Mantida a forma e intensidade de atuação, a situação vai permanecer?	4
Mantida a forma e intensidade de atuação, a situação vai piorar (crescer) muito?	3
Mantida a forma e intensidade de atuação, a situação vai melhorar (desaparecer parcialmente)?	2
Mantida a forma e intensidade de atuação, a situação vai melhorar (desaparecer completamente)?	1

A aplicação da metodologia GUT pode ser efetuada por meio de uma simples planilha do Excel, em que serão apostas as ações sugeridas e o escore que julgar aplicável para cada ação em relação a cada categoria (G, U ou T).

O facilitador colocará as ações sugeridas e solicitará que os participantes atribuam, de viva voz, a pontuação que julgar mais adequada a cada ação em relação a cada categoria (G,U e T). Como normalmente se observam divergências, deve-se buscar o consenso para se atribuir a pontuação que melhor reflita o pensamento do grupo.

Uma opção mais democrática para preenchimento do GUT é distribuir tantas planilhas quantas forem os membros da equipe que participarão de decisão e, ao final, se ter uma planilha totalizada que somará o escore apontado por cada participante, de cada ação em relação a cada categoria. Sendo extraída a média, o resultado será assumido pela planilha totalizadora, que fará a operação de multiplicação e disponibilizará o resultado de cada ação, em que será estabelecida a prioridade considerando, efetivamente, a opinião de cada participante.

De uma forma ou de outra, a planilha seguirá um modelo único, em que será apresentada no apêndice a sugestão deste autor.

4.4.9 FERRAMENTAS DE ACOMPANHAMENTO - 5W2H

- *WHAT*? (O QUÊ?);
- *WHY*? (POR QUÊ?);
- *WHERE*? - (ONDE?);
- *WHEM*? (QUANDO?),
- *WHO*? (QUEM);
- *HOW*? (COMO?),
- *HOW MURCH* (QUANTO CUSTA?)

Foram apresentados, até agora, o MODELO CANVAS DE NEGÓCIOS, o PLANO DE NEGÓCIOS, ANÁLISE SWOT, GRUPO FOCAL, SURVEY, a FOLHA DE VERIFICAÇÃO e o BRAINSTORMING, além do DIAGRAMA DE CAUSA E EFEITO, DIAGRAMA DE PARETO e o GUT.

Pelas ferramentas acima, identifica-se o resultado almejado, seja a solução de um problema, seja o lançamento de um produto, seja uma campanha publicitária, seja o aumento das vendas, seja a redução de despesas, entre outros, desde que se estabelece um objetivo.

A grande questão, inclusive apresentada no primeiro parágrafo deste livro, na apresentação, é sobre quando um empresário, em uma reunião de qualidade, colocou:

> *[...] Aqui estão todos os diretores da empresa... e todos já fizeram cursos sobre Qualidade. Quero lhes dizer o seguinte: se vocês vão ensinar "ferramentas da qualidade, é bom desistirmos agora, pois todos aqui estamos cansados de saber todas as ferramentas; o problema é que ninguém usa.*

Essa ferramenta, 5W2H, é exatamente o instrumento que faz acontecer o que está contido nas ferramentas expostas nos capítulos anteriores.

A seguir é apresentada a especificação de cada item que deve compor um formulário de 5W2H:

- **OBJETIVO:** neste campo deve ser colocada a atividade a ser desenvolvida, escolhida com base nos critérios de prioridades aplicados e definição de quem tem poder de decisão dentro da empresa.
- **DEFINIÇÕES:**
  - ◇ *WHAT*? **(O QUÊ?)** | Para que se desenvolvam atividades, são necessárias tarefas e passos. Neste espaço deverão ser informadas as TAREFAS de forma mais ampla.

- ◇ *WHY?* **(POR QUÊ?)** | Breve justificativa da razão de se tratar o objetivo identificado.
- ◇ *WHERE?* **(ONDE?)** | Designação do lugar onde a atividade será desenvolvida. Caso seja desenvolvida em mais de um local, deverão ser preenchidos formulários independentes.
- ◇ *WHEM?* **(QUANDO?)** | Esta pergunta será respondida de uma das duas formas, conforme exemplificado abaixo:
    - **DATA:** informando previsão de início e fim da tarefa; ou
    - **PERIODICIDADE:** quando se tratar de atividades de rotinas. Essa informação é importante para que se possa criar o manual operacional da empresa, após a validação da atividade.
- ◇ *WHO?* **(QUEM?)** | A definição de um responsável é importante para o processo como um todo, em que se saberá a quem cobrar.
- ◇ *HOW?* **(COMO?)** | Aqui serão descritos os passos que serão executados e que irão compor a tarefa.
- ◇ *HOW MUCH?* **(QUANTO CUSTA?)** | A questão dos valores investidos é de suma importância, até por que se faz necessária a definição da viabilidade do projeto.

Como a proposta aqui apresentada para o 5W2H é formatar a operacionalização de um projeto, fica a sugestão para que esse espaço seja usado para informação dos valores envolvidos, mas que não se deixe de utilizar o Plano de Negócios, se o caso assim justificar.

A ferramenta **5W2H** (*what, why, where, who, when, how* e *how much*), ou seja, **O quê?, Por quê? onde? Quem? Quando? Como?** e **Quanto custa?**, permite, por meio das respostas a essas perguntas, conduzir as diversas ações necessárias aos diversos procedimentos a serem adotados, de modo que os objetivos sejam atingidos, resolvendo problemas, buscando soluções, estabelecendo rotinas de trabalho e acompanhando a execução de tarefas de execução não imediata, gerenciamento de contratos de manutenção.

Todas as ferramentas até aqui apresentadas são importantes no gerenciamento de uma empresa, porém, a 5W2H é a que vai delinear o *modus operandi* necessário a que se cumpra o planejado, é nela onde serão definidas ATIVIDADES, PASSOS e TAREFAS e que serão atribuídas responsabilidades pela condução dos serviços e pelos cumprimentos de prazos.

Assim como as demais, a elaboração dos 5W2H também deve ser objeto de procedimento criterioso e padronizado, o que conduz a sugestão de mais um formulário a ser visto no apêndice.

4.4.10 FERRAMENTAS DE ACOMPANHAMENTO – GRÁFICO DE GANT

O Gráfico ou Diagrama de Gantt recebeu este nome por ter sido criado por Henry Gantt, em 1917. A ferramenta permite visualizar as atividades ou tarefas programadas para um determinado período. É de fácil leitura e, ao longo do tempo, permite acompanhar o andamento do projeto.

No Diagrama de Gantt, cada tarefa é representada por uma linha, e os períodos nos quais as tarefas serão realizadas são representados por colunas; nessas colunas, podem especificar horas, dias, semanas, meses ou anos, ou seja, vai indicar a ação a ser desenvolvida e o período em que vai se desenvolver. Naturalmente, deve haver harmonia nos prazos de execução das tarefas, se uma tarefa tem seu prazo de execução programado em dias, todas as demais que comporão o gráfico também devem ser programadas em dias.

De posse desse instrumento, controlar prazos passou a ser uma tarefa fácil. Uma série de tarefas pode ser monitorada e o gerenciamento do projeto ou atividade será acompanhado apenas pela visualização de um gráfico.

Visualmente, o Gráfico de Gantt tem a seguinte apresentação:

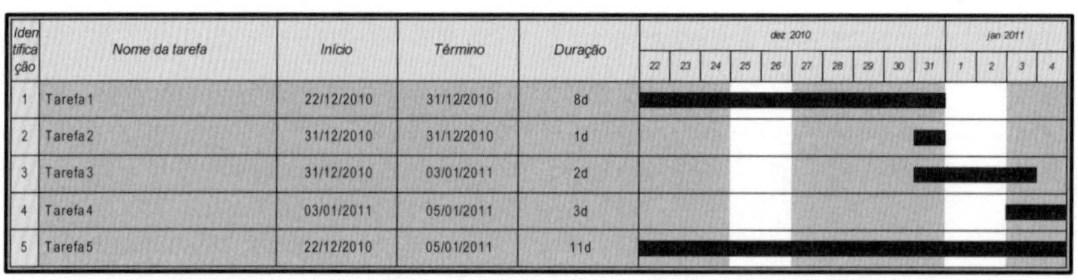

4.4.11 FERRAMENTAS DE ACOMPANHAMENTO – AVALIAÇÃO

A avaliação é a última ferramenta que será utilizada no Gerenciamento de Resultados. É também a ferramenta usada para o acompanhamento constante do Ciclo PDCA, que, traduzindo as palhas da sigla, significam: PLANEJAR, EXECUTAR, CONTROLAR e ACOMPANHAR, fechando assim o ciclo.

É aplicada para verificar se as ações planejadas foram executadas , se foram ou não avaliadas, se os EFEITOS pretendidos foram atingidos ou não. Ainda para avaliar se o que foi planejado, por meio da metodologia do 5W2H, foi aplicado conforme previsto, ou não. O modelo de avaliação pode ser criado a critério de cada empresa e conforme planejamento que tenha efetuado.

As avaliações deverão:

a. Ser elaboradas por empresa, dentro desta por segmento ou setor;
b. Por empregado, aí considerado o setor, a atividade, ou mesmo a tarefa por este desempenhada;
c. Pelo período estabelecido para a execução, determinado este por ocasião do planejamento, acompanhando-se a tempestividade planejada com a efetivamente observada;
d. Após data estabelecida para conclusão não deverão ser aceitas modificações.

Neste trabalho, sugerimos um modelo em que haverá a identificação do que se quer avaliar, como, por exemplo: procedimentos definidos no 5W2H, funcionário/função ou fornecedor/segmento ou *site*/campo ou ainda gestor/segmento de atuação etc.

Uma correta avaliação de procedimentos, resultados, fornecedores, empregados, prestadores de serviços etc., com certeza levará seu empreendimento à excelência, atingindo e até superando o desempenho que espera da empresa no mercado ou mesmo melhorando substancialmente o desempenho de seus colaboradores.

O período avaliativo deve ser de um ano ou aplicável a cada etapa concluída do planejamento, fase 5W2H. Entretanto, ao longo do período, pode haver avaliações intermediárias, e os períodos intermediários podem ser mensais, trimestrais ou semestrais, a critério de quem toma a decisão.

4.4.12 FERRAMENTAS DE ACOMPANHAMENTO – VALIDAÇÃO E SISTEMATIZAÇÃO

Validar um procedimento é confirmar que o planejado surtiu os efeitos desejados, consolidando-o e padronizando a rotina aplicada na execução da tarefa.

No Ciclo PDCA, a padronização é um procedimento que carece de constante acompanhamento, na chamada busca da melhoria contínua. Não raro um processo que é aplicado com sucesso vai se tornando obsoleto e a filosofia do PDCA não permite que isso aconteça, mantendo os procedimentos atualizados, eficientes, eficazes e ativos.

Muito se fala em planejamento, em estabelecimentos de metas, em planos de negócios, e estes últimos, muitas vezes, são usados apenas para subsidiar uma proposta de financiamento que, uma vez conseguido, é abandonado. Por meio das ferramentas apresentadas, poderá se ter, a partir de então, a execução e o acompanhamento de melhorias da empresa, saindo do papel e indo para a realidade do mundo corporativo.

5. GESTÃO DE RESULTADOS

Os capítulos anteriores mostraram ferramentas ou formulários necessários ao planejamento, sejam eles estratégicos, táticos, operacionais, sejam eles Plano de Negócios etc. Todas são ferramentas que, se bem utilizadas, levarão seu empreendimento a uma inevitável implantação de um programa de qualidade, embora não seja este o propósito, gerando excelente organização e resultados palpáveis que podem ser analisados e revistos sempre que necessário, consequentemente gerando um histórico de dados para a empresa, em que pode existir um acompanhamento regular sobre o crescimento ou o declínio dos números do empreendimento.

Muito se fala em planejamento, em estabelecimentos de metas, em planos de negócios, e estes últimos, muitas vezes, são usados apenas para subsidiar uma proposta de financiamento que, uma vez conseguido, é abandonado. Por meio das ferramentas apresentadas, poderá se ter, a partir de então, a execução e o acompanhamento de melhorias da empresa, saindo do papel e indo para a realidade do mundo corporativo.

5.1 INTRODUÇÃO

Na proposta apresentada em “Ferramentas para Gestão de Resultados”, são usadas algumas das ferramentas da qualidade, uma ou outra com alguma adaptação, um Plano de Negócios e ferramentas de avaliação.

Quando se fala em planejar (efetivamente), “se tem em mente” o trabalho de preparação de um empreendimento, uma atividade ou mesmo uma simples tarefa, em que irão se definir meios e métodos de se atingir um objetivo, além de controlar a execução e acompanhar a sua efetividade.

As ferramentas apresentadas podem ser usadas para resolução de um problema em particular, para busca da melhoria, para implantação de um programa de qualidade total ou mesmo para lançamento de um produto, serviço ou até de um empreendimento.

Ao se falar em tratar da **solução de um problema em particular**, se tem em conta que, pelo próprio objetivo, algo não está a produzir o resultado esperado, ou, mesmo que o esteja tomando por base a expectativa quando de sua implantação, se observa que, no momento presente, aquele resultado, outrora estimado e considerado como adequado, está aquém do satisfatório e já não faz barreira à concorrência ou mesmo à expectativa do seu público-alvo, seja pela questão de custos, pela tecnologia utilizada, seja pelos resultados financeiros observados para o segmento. O que era bom, adequado, talvez até ótimo para uma realidade anterior, passou a ser, digamos, “sofrível” quando se compara os números com a realidade presente.

Tratar da **busca da melhoria** isolada de um produto ou serviço ou mesmo de um processo é voltar à atenção para um foco específico em que se entende, por exemplo, ser o gargalo da empresa, em que se considera existir a maior rentabilidade ou ser o melhor caminho a ser seguido.

Gerenciar melhorias de um produto, serviço ou processo de forma isolada pode trazer resultados positivos também de forma isolada. O não tratamento dos seus pares – ou seja, das atividades, produtos ou serviços, que, de certa forma, tem relação com o objeto da aplicação do gerenciador de resultados – pode comprometer o objetivo maior que se busca.

A implantação de um programa de qualidade, por sua vez, se dá quando se tem em mente um objetivo maior, quando se atribui a visão sistêmica ao empreendimento, quando se busca uma certificação, como os diversos segmentos ISO ou uma OHSAS 18001:2007, relativa a Sistemas de Gestão da Segurança e Saúde no Trabalho, por exemplo, quando se busca maior competitividade.

Gerindo resultados, serão observadas melhorias, maximização dos números, com diminuição das despesas e majoração das receitas, seja de forma absoluta, seja de forma relativa. Mas não só os números serão melhorados; a empresa como um todo sentirá os efeitos nas questões como a otimização dos processos, na qualidade do serviço ou do produto, na relação dessa qualidade com o preço de mercado para o produto ou serviço, aí considerado o custo de fabricação, adicionados todos os valores agregados, no tipo de administração da empresa em relação à concorrência e às técnicas mais atuais de gestão, no gerenciamento dos recursos humanos, no nível de comprometimento dos empregados, na qualidade dos serviços que desenvolvem, no relacionamento com colegas e superiores, na dimensão do conhecimento das atividades e tarefas a seu cargo e sua relação com o produto ou serviço final.

O que há de comum nas situações acima? A busca por resolução de um problema, busca de melhoria ou implantação de um programa de qualidade. O fator preponderante para o sucesso é que deve trabalhar em cima de dados reais, tendo-se apenas que levantá-los, caso a empresa não disponha de estatísticas.

A questão é que, em determinadas situações, não se tem o pleno conhecimento do processo por meio do qual se chega ao produto, serviço ou ao resultado do empreendimento. Melhor colocando, embora se conheça o processo, este não é devidamente estudado e analisado de forma sistêmica e rotineira.

O que de fato acontece é que se observa certo empirismo notadamente nas pequenas e médias empresas, acentuando-se nas empresas familiares nos quais, muitas vezes, se produz com base em conhecimento de pais ou avós, sem um processo predefinido, sem um acompanhamento das falhas ou dos resultados, sem a preocupação com o empregado como parte integrante do processo.

Hoje, muito mais que há 10, 15 ou 20 anos, quando os processos de implantação de programas de qualidade estavam a despontar, se faz necessário que haja uma preocupação em massa com a melhoria de produtos e serviços e com a relação desses elementos com o mundo ao qual se integram.

O que é notório e imprescindível é a necessária adequação aos novos tempos, uma mudança de postura, de cultura, é esta razão que, por vezes, não se encara a necessidade de implantação de programas de qualidade em toda sua amplitude.

Mesmo quando se busca essa implantação, de forma isolada ou em conjunto com um grupo de empresários do mesmo ramo, por exemplo, se faz necessário o uso de ferramentas adequadas para que se eliminem falhas, se reduza custos, se melhore a produtividade e se torne um empreendimento competitivo.

A busca por atingir o objetivo, o efeito esperado, o aumento nas vendas, o lançamento de um produto, a implantação de uma empresa, a elaboração de processos produtivos, a rotinização de procedimentos ou a solução de um problema, por exemplo, deve passar por um planejamento.

Equivocadamente, há, por outro lado, o planejamento superficial, ou seja, o próprio empresário ou executivo por entender ser sua a responsabilidade, ou por excesso de confiança nos seus dons administrativos, toma sozinho decisões que julga adequado para a solução dos casos que se apresentam, reduzindo o planejamento a algumas poucas palavras, colocadas em formulários soltos, que ao final são apresentadas a determinado grupo de pessoas como se fosse uma solução mágica para se atingir o objetivo pretendido.

Há outra consideração no que diz respeito à implantação de novo negócio, notadamente quando se busca apoio financeiro, o empreendedor, às vezes mal orientado ou mesmo entusiasmado com o seu novo negócio, não aplica o princípio da prudência usado na contabilidade, faz exatamente o inverso, superestima as receitas e subestima as despesas. Os resultados como não poderiam deixar de ser são aquém do esperado, pífios, ou mesmo negativos. Como o tempo, se observa que nada ou pouca coisa mudou: o problema não foi resolvido, a meta não foi atingida, o efeito desejado não aconteceu e a competitividade permanece prejudicada.

Para fechar o ciclo, o fato é seguido de um procedimento em que as pessoas procuram se isentar da responsabilidade e atribuir a culpa a outrem. Em um processo de implantação de Gestão de Qualidade e Produtividade, em princípio, não se procuram culpados, se buscam soluções. Entretanto, uma vez implantado o Programa de Gestão de Resultados aqui proposto, a empresa vai planejar, atribuir responsabilidades, acompanhar e controlar procedimentos, evitando acidentes de percurso, corrigindo procedimentos que não se adequaram aos processos, percebendo não cumprimento de rotinas estabelecidas, fazendo avaliação e, aí sim, atribuir responsabilidade a quem de direito, de forma clara e objetiva.

Destaque-se que o objetivo ao Gerenciar Resultados é acompanhar passo a passo os processos envolvidos, observando-se inadequação, seja de métodos, máquinas, meio ambiente, material, seja mesmo de mão de obra etc. Dever-se-ão fazer os ajustes necessários à obtenção do objetivo proposto.

O ato de gerenciar resultados deve partir da alta administração e ter como foco toda a empresa, envolver as pessoas que fazem parte de todo o processo, podendo ser usado com o objetivo de implantar um programa de qualidade total, observando que o projeto, embora dinâmico, não deva sofrer alterações bruscas ou consideráveis, vindo a melhorar a competitividade da empresa, firmando sua permanência no mercado e ampliando horizontes.

O que há de se observar é que até mesmo os mais céticos quanto a novos métodos de administração têm de se manter no mercado, tornar seus produtos ou serviços competitivos, propor, perseguir, atingir e superar metas e, dessa forma, procurar soluções para os diversos problemas que surgem no dia a dia. Para esse fim, gerenciar resultados, a partir deste trabalho, pode ser o caminho mais efetivo embora não seja o mais curto posto que, uma vez que implantado, deve fazer parte do dia a dia da empresa.

A aplicação isolada da ferramenta de Gestão de Resultados é, entretanto, perfeitamente possível, quando se quer lançar um novo produto, quando se quer tratar de uma área ou seguimento específico, quando se tem dúvida quando ao processo e não se quer "arriscar" sua aplicação em todo o empreendimento ou quando se quer resolver um problema específico.

O importante é ter em mente que, ao gerenciar resultados, serão levantados e quantificados dados, estabelecidos métodos e meios, o planejamento será executado, a execução será acompanhada, se houver necessidade de reposicionamento este será feito, se o processo for validado, o procedimento será padronizado, sem prejuízo de seguir sendo acompanhado, na chamada busca da melhoria contínua.

Gestão de Resultados facilitará a vida dos que são instados a tomar decisões, dos responsáveis por lançamentos de produtos ou serviços, alcançar metas ou resolver problemas, tornando objetivas questões meramente subjetivas, facilitando o planejamento, a execução, o controle, a padronização e o acompanhamento de processos, seja para casos isolados ou mesmo para a implantação de um programa de qualidade na empresa.

De uma forma ou de outra, o usuário estará praticando a chamada busca da melhoria contínua, proposta que trará benefícios ao empresário, aos empregados, aos consumidores dos seus produtos ou serviços, à sociedade como um todo e ao meio ambiente.

5.2 BASE DE DADOS

Os processos aqui propostos são praticamente iguais, o que muda é a fonte de dados do que se quer gerenciar, ou seja, independentemente do que se quer gerenciar, os caminhos para o gerenciamento será o mesmo: o estudo e o acompanhamento dos processos. Para que sejam estudados e acompanhados os processos, se faz necessário que existam processos e se estes não existirem será preciso criá-los.

As fontes de dados também não são únicas e absolutas, além de existirem fontes de dados diversas, as fontes aqui utilizadas poderão ser objeto de adaptação, se for o caso.

No quadro a seguir é apresentado um fluxograma do Gerenciamento de Resultados, lembrando que cada etapa tem seu próprio fluxo, o que torna interessante elaborar um fluxograma específico para cada uma:

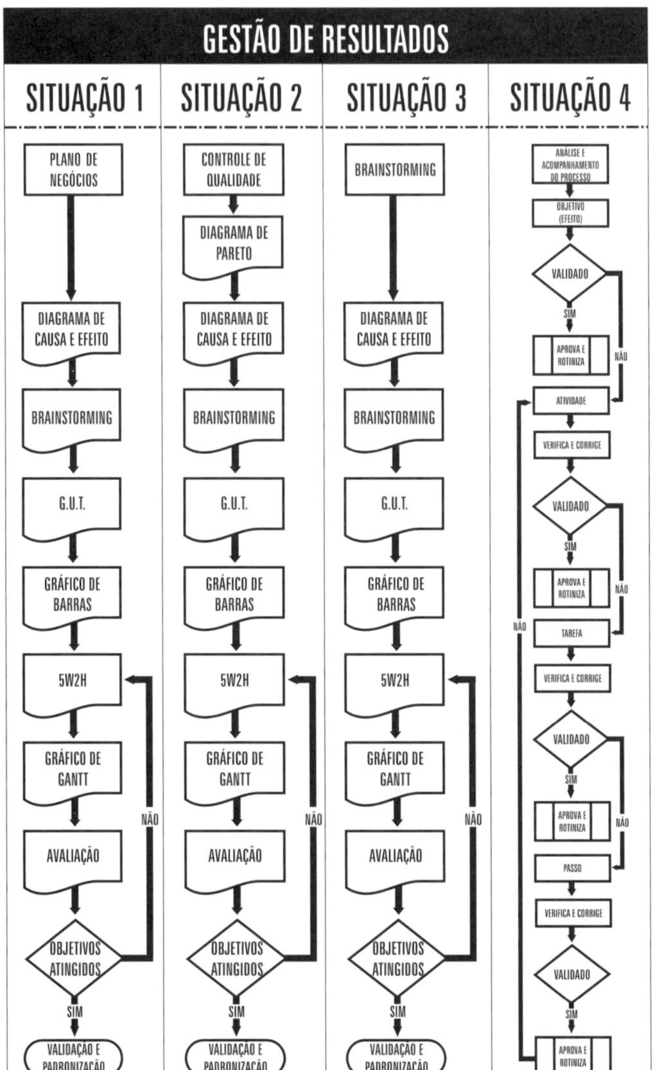

As situações apresentadas no fluxograma sugerem o gerenciamento de resultados a partir de um dos três pontos apresentados: PLANO DE NEGÓCIOS, CONTROLE DE QUALIDADE ou *BRAINSTORMING*. Cada um dos casos tem suas particularidades.

As explicações serão pela situação 1, Plano de Negócios e, na sequência, serão tratadas as situações 2 e 3, após o que daremos continuidade explicando as etapas do fluxograma comuns a todas as situações.

5.2.1 Situação 1 – PLANO DE NEGÓCIOS

Quando se faz um Plano de Negócios, via de regra, se tem por objetivo a maximização dos resultados da empresa. Todos os dados constantes do plano são importantes para o Gerenciamento de Resultados, embora alguns pareçam mera formalidade, como, por exemplo o sumário executivo e algumas informações da apresentação da empresa, como:

- Credos básicos.
- Forma jurídica.
- Enquadramento tributário.
- Composição do capital social.
- Organograma atual.
- Dados sobre sócios e diretores.

Além dos dados da apresentação da empresa, outros, relativos a Produtos e serviços, perspectivas sobre produtos e serviços, ambiente e tendências, recursos humanos, também servem de base para a formação do Plano de Negócios.

Já a macroestratégia, que cuida dos investimentos (fixos, financeiros e pré-operacionais), o faturamento, os custos (fixos e variáveis), a depreciação, a demonstração de resultados financeiros, o número de colaboradores, o número de produtos e serviços, a expectativa de número de clientes, a lucratividade, a rentabilidade fornecerão dados necessários ao Gerenciamento de Resultados.

O *marketing* tem sua importância no processo e, como tal, é recomendado que também seja considerado no Gerenciamento dos Resultados, pois uma ação de *marketing* pode levar ao sucesso ou ao insucesso, devendo assim as metas de *marketing* vir a ser consideradas quando da elaboração do Diagrama de Causa e Efeito que, nesta proposta, assume uma posição de relatório.

O Plano de Negócio, por fim, deve ter seu próprio processo de avaliação, independentemente da avaliação final que é feita no Gerenciamento do Resultado, da qual fará parte integrante a própria avaliação do Plano de Negócios.

O Gerenciamento de Resultados não pode analisar a frieza dos números sem considerar outros aspectos da empresa e do ambiente em que estão inseridos. Assim, todos os dados constantes do Plano de Negócios têm sua importância, devendo assim ser considerados. Todavia, quando se vai implantar o Gerenciamento de Resultados, o que não pode faltar são os resultados esperados.

Quanto ao Plano de Negócios, esses resultados podem ser:

a. **INVESTIMENTOS:** sejam fixos, financeiros ou pré-operacionais, uma vez necessários à execução do plano, devem ser objeto de gerenciamento para que não haja distorções quanto ao previsto e, se houverem, que sejam justificadas no curso da execução.
b. **FATURAMENTO:** neste item, no âmbito da macroestratégia, deverão ser considerados os faturamentos anuais previstos, devendo sua composição partir da expectativa de evolução das vendas, em que cada produto ou grupo de produtos serão tratados individualmente, com evolução esperada estabelecida mediante aplicação de percentual, lançado mês a mês, disponibilizando o somatório, o total esperado do ano. Prevendo a macroestratégia estimativa para maior quantidade de anos, deverão ser preenchidas tantas planilhas quantos forem os anos previstos no Plano de Negócio, aplicando-se, no início de cada ano, a expectativa, em percentual, da evolução esperada, para cada produto ou grupo de produtos.
c. **NÚMERO DE PRODUTOS E/OU SERVIÇOS:** deverá ser efetuada uma estimativa em função dos estudos efetuados quando da análise do ambiente e tendências.
d. **CUSTO FIXO:** em princípio, não há o que se falar em resultados em cima do valor do custo fixo, entretanto, se houver perspectiva de, por exemplo, aumento do imobilizado, o aumento do custo fixo será inevitável, devendo, assim, ser considerado.
e. **CUSTOS VARIÁVEIS:** deve haver um acompanhamento desse item, com especial cuidado, principalmente quando se busca uma maximização das vendas e/ou produção, para eventuais correções de desvios.
f. **LUCRATIVIDADE:** item que será estabelecido pela aplicação da fórmula n. 2 - LUCRATIVIDADE, que poderá ser aplicada após o preenchimento da planilha 9 - Expectativa de Resultados Financeiros;
g. **RENTABILIDADE:** esse fator está ligado ao lucro líquido e ao investimento inicial total. Observe-se que, em havendo necessidade de novos investimentos, estes deverão ser considerados no cálculo da rentabilidade total da empresa e não apenas os novos investimentos constantes do Plano de Negócios .

Das estratégias do MARKETING deverão ser extraídas as expectativas com relação aos itens objeto do Plano de Negócios, devendo assim, guardar coerência com as metas estabelecidas em função de:

- Produtos.
- Preços.
- Praça.
- Promoção.
- Clientes.
- Fornecedores e/ou distribuidores.
- Concorrentes.
- Vendas.

O ponto alto do Gerenciamento de Resultados em função do Plano de Negócios serão os resultados financeiros esperados. E, quando se fala em resultados financeiros, hão de ser considerados todos os dados, conforme segue:

1. INVESTIMENTO;
    - ◇ FIXOS:
        - ◦ Máquinas e equipamentos.
        - ◦ Móveis e utensílios.
        - ◦ Veículos.
    - ◇ FINANCEIROS:
        - ◦ Estoque inicial.
        - ◦ Capital de giro.
    - ◇ PRÉ-OPERACIONAIS.
    - ◇ INVESTIMENTO TOTAL.
2. FATURAMENTO MENSAL.
3. CUSTOS COM MATÉRIA-PRIMA E INSUMOS (por produto).
4. CUSTO DO PRODUTO OU SERVIÇO VENDIDO (por produto).
5. CUSTO DE COMERCIALIZAÇÃO.
6. CUSTO DE MÃO DE OBRA.
7. DEPRECIAÇÃO.
8. CUSTOS FIXOS MENSAIS.

Para cada um dos itens acima, deverá haver três planilhas no Plano de Negócios:

1. **PLANILHAS DE PREVISÃO COM BASE NO QUE FOR PLANEJADO:** conterão os dados do próprio Plano de Negócios.
2. **PLANILHAS PARA INSERÇÃO DOS RESULTADOS EFETIVAMENTE ALVANÇADOS:** apresentarão os números efetivamente observados.
3. **PLANILHAS COMPARATIVAS:** demonstrarão as diferenças entre os números previstos e os realizados.

Além das planilhas alusivas aos itens tratados, há ainda a de Avaliação do Plano de Negócios, de número 11, denominada PLANO DE NEGÓCIOS - Avaliação. Nesta planilha, de utilização anual, serão considerados os somatórios dos valores previstos e realizados, a relação percentual existente entre eles e estabelecerá uma pontuação que avaliará, ao final, a eficácia e efetividade do Plano de Negócios.

Observe-se que o Gerenciamento de Resultados deve ser permanente e constante, devendo, quando a base for o Plano de Negócios, ser utilizadas as planilhas com acompanhamento mensal. Quando da ocorrência de alguma discrepância, a empresa poderá se reposicionar de modo a se preservar os resultados inicialmente previstos ou até maximizá-los.

5.2.2 Situação 2 - CONTROLE DE QUALIDADE

No Plano de Negócios, o objetivo é maximizar resultados; no Controle de Qualidade é melhorar a qualidade de um produto ou serviço, reduzindo ou eliminando perdas e, por conseguinte, maximizando resultados.

Entre os objetivos do controle de qualidade, há os seguintes:

- Valores médios esperados.
- Variações existentes em um processo.
- Limites de conformidade.
- Variáveis observadas em produtos ou serviços.
- Incidência de falhas ou reclamações.

São diversas as ferramentas e os meios para se efetivar o controle de qualidade. Como não há o propósito de sugerir meios de controle e sim de gerenciá-los, no capítulo de ferramentas foram citados alguns que inclusive tratam das ocorrências acima, mas se optou por usar a Folha de Verificação como exemplo para fins de Gerenciamento de Resultados.

A Folha de Verificação é usada para quantificar a existência ou a inexistência de falhas de um produto ou serviço. O Gerenciamento de Resultados é usado para validar os procedimentos quando não forem observadas falhas ou propuser alterações no processo quando estas existirem.

O que se faz é um estudo e acompanhamento do processo (EAP), validando-o ou corrigindo-o. Este EAP é feito nas fases de execução, controle e acompanhamento do PDCA, item tratado em capítulo próprio.

Uma ferramenta útil no trato dos dados da Folha de Verificação é o **Diagrama de Pareto**, também já visto, que nos permite visualizar o impacto relativo de uma falha em relação ao número total de falhas observadas em determinado período.

Quando se usa uma ferramenta de controle de qualidade no gerenciamento de resultados, o que se busca, como dito, é eliminar ou reduzir falhas. Dessa forma, a falha ou as falhas a serem reduzidas ou eliminadas serão o objeto do Gerenciamento de Resultados, o EFEITO que se busca.

5.2.3 Situação 3 – *Brainstorming* (sugestões)

Há situações em que não se tem um Plano de Negócio e não há controle de qualidade; as questões precisam ser resolvidas e não há tempo para operações técnicas mais elaboradas. O *brainstorming*, como visto no capítulo "Ferramentas", vai ajudar a buscar as raízes das causas dos problemas ou dos meios para se alcançar os objetivos pretendidos.

Essa ferramenta, aliada a informações existentes, apontará as causas dos problemas ou os meios de atingir os resultados e ainda os resultados esperados, os efeitos.

Nessa fase, o *brainstorming* utilizado como ferramenta alternativa pela ausência de um Plano de Negócios ou de algum tipo de controle de qualidade, deve ser usado na sua formatação original, ou seja, se tem algo para resolver, se convida os envolvidos para um único ambiente, em número não muito grande, se expõe a questão, o efeito desejado, seja resolução de um problema, seja alteração de uma meta e se pede que os envolvidos exponham suas ideias, na forma que for conveniente, observando-se as orientações sobre o assunto no capítulo "Ferramentas" ou até buscando mais esclarecimento se julgar necessário.

Como formulário para este fim é sugerido o modelo abaixo, bem simples, em que, após as identificações de praxe, se evidencia o objetivo pretendido. A seguir são registradas as ideias apresentadas:

BRAINSTORMING (sugestões)

Empresa: [ ]

Setor (se for o caso): [ ]

Usuário Master: [ ]

Grupo de Trabalho: [ ]

Efeito:[(1)] [ ]

Atividade:[(2)] [ ]

CAUSA 1
Subcausa 1
Subcausa 2

O Quê? (Tarefa):

Porquê:

Onde será feito:

Quando?[3]

DATAS PREVISTAS		DATAS REALIZADAS	
INÍCIO	CONCLUSÃO	INÍCIO	CONCLUSÃO

Quem fará?[4]

Como será feito[5] **(método)**

MÉTODO	PERIODICIDADE

Quanto custará?[6]

Participante 2:

Email: Fone: Cel:

META A SER ATINGIDA OU DEFEITO A SER CORRIGIDO OBJETO DO BRAINSTORMING (EFEITO):

AQUI SERÁ INSERIDA A META A SER ATINGIDA OU DEFEITO A SER CORRIGIDO, IDENTIFICADO PELA EMPRESA E ALIMENTARÁ O CAMPO EFEITO DO TEOREMA DE CAUSA E EFEITO E O G.U.T. MAIS A FRENTE.

Ideias:

NESTE CAMPO DEVERÃO SER LANÇADAS TANTAS IDEIAS QUANTAS SEJAM APRESENTADAS, NOTADAMENTE NO QUE SE REFERE ÀS CAUSAS DOS EFEITOS QUE SE PRETENDE

5.2.4 SITUAÇÃO 4 – ANÁLISE E ACOMPANHAMENTO DO PROCESSO

A análise e o acompanhamento do processo são aplicados quando, mesmo já existindo um processo já validado anteriormente, e este não atende mais os objetivos da empresa, em que o efeito esperado já não corresponde mais às expectativas, ou houve queda dos resultados ou as circunstâncias indicam a necessidade de melhoria do(s) processo(s). Nesse caso, inicia-se a análise, buscando coerência entre o efeito desejado e a atividade descrita no processo. Existindo divergência, é importante rever a atividade, excluindo-a ou adequando-a ao contexto com as modificações necessárias.

Em havendo necessidade da adequação, o procedimento irá atingir, na sequência, as tarefas (o que se faz?) e, por conseguinte, os passos (o como se faz?), ligados à atividade.

O procedimento para adequação das tarefas (o quê?) e dos passos (o como?) dos processos são analisados um a um com o objetivo de adequá-los ou se for o caso excluir tarefas ou passos desnecessários, dando mais celeridade ao processo. À medida que as adequações vão sendo feitas, elas também irão ser testadas uma a uma, e parcialmente validadas. Ao final de todo o processo de adequação, devem ser feitas novas análises e acompanhamento do processo para fins de validação e rotinização.

Em sendo validado, ótimo, em não sendo e se identificando de pronto a não conformidade, se volta ao ponto falho, corrige-se, observa-se e se valida ou não. Em não sendo identificado o ponto da falha, todo o processo deve ser revisto, devendo essas operações ser feitas até que se atinja o efeito esperado.

5.3 GERENCIAMENTO DE RESULTADOS

Tanto os instrumentos de base de dados quanto os do gerenciamento de resultados propriamente ditos são processos de gestão e devem trabalhar de forma integrada. A separação dos grupos se dá pelo fato de que os componentes do primeiro grupo (base de dados) integram o sistema de gerenciamento de forma alternativa, ou seja, apenas um deles é utilizado no processo, conforme a situação se apresente.

Já as chamadas ferramentas de gerenciamento, tomando por referência um dos instrumentos da base de dados, servem para se ter um conhecimento mais aprofundado da situação, estabelecer prioridades, definir procedimentos, controlar e avaliar todo o processo, validar, rotinizar ou reiniciar o processo no todo em parte, em uma verdadeira busca da melhoria contínua, tornando assim o Gerenciamento de Resultados uma ferramenta eficaz para a implantação do Ciclo PDCA.

5.3.1 DIAGRAMA DE CAUSA E EFEITO

Quando adoece, o paciente procura um médico, quando não sabe de que se trata vai a um clínico geral que, após alguma conversa ou alguns exames, o encaminha a um especialista. O paciente pode até ser tratado pelo clínico geral, mas o tratamento poderá ser mais demorado ou mesmo se revelar ineficaz ou ainda proporcionar efeitos colaterais indesejados.

No trato dos males que afligem a empresa ou nos resultados que pretende atingir não é diferente, podem ser tratados pelo generalista, mas, se forem entregues a especialistas, os resultados tenderão a ser mais rápidos e eficazes. Por essa razão as causas de um problema devem ser separadas por categorias.

Seguindo o Teorema de Hishikawa, já estudado no capítulo "Ferramentas", há o resultado da separação em categorias e nestas são registradas as causas e subcausas a ela ligadas, conforme exemplo dado.

Nesta proposta de Gerenciamento de Resultados, vamos utilizar o Diagrama de Causa e Efeito para auxiliar em um *brainstorming*, que deverá identificar as raízes das causas e das subcausas e no GUT se estabelecerá prioridades.

O Diagrama de Causa e Efeito tem a seguinte, como gráfico, formatação, razão pela qual também recebe o nome de Gráfico de Espinha de Peixe:

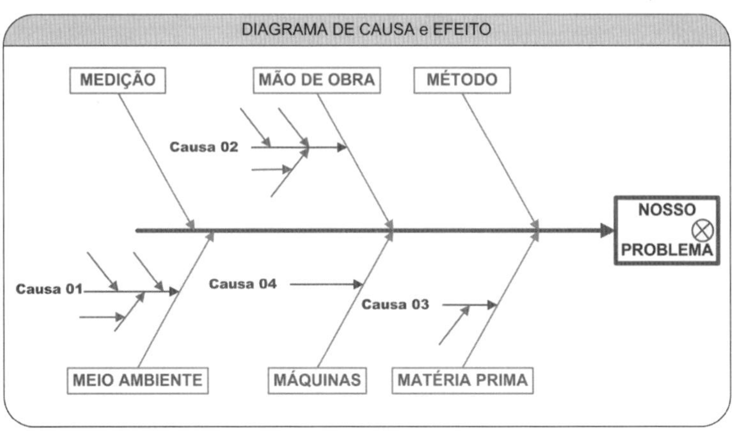

Desenho n° 4

5.3.2 GRAVIDADE, URGÊNCIA E TENDÊNCIA – GUT

O Gráfico de GUT, também objeto do capítulo "Ferramentas", é aqui adaptado, com algumas alterações, de modo a se priorizar os assuntos segundo a categoria estabelecida via Diagrama de Causa e Efeito, no passo anterior.

Para utilização do formulário GUT devidamente alterado, é apresentada a sugestão abaixo:

Empresa:

Endereço:

Bairro: CEP: Cidade: UF:

Email: Fone: Cel:

Administrador:

Email[1]: Email[2]:

Usuário:

Email[1]: Email[2]:

ORIGEM DOS DADOS:

PLANO DE NEGÓCIOS CONTROLE DE QUALIDADE BRAINSTORMING AAP

DATA LIMITE DE PREENCIMENTO:

EFEITO:

MÃO DE OBRA	G	U	T	G.U.T.
CAUSA 1				
Subcausa 1				
Subcausa 2				
CAUSA 2				
Subcausa 1				
Subcausa 2				
CAUSA 3				
Subcausa 1				
Subcausa 2				

MÁQUINAS	G	U	T	G.U.T.
CAUSA 1				
Subcausa 1				
Subcausa 2				

MATERIAL	G	U	T	G.U.T.
CAUSA 1				
Subcausa 1				
Subcausa 2				

MEDIDAS DE DESEMPENHO	G	U	T	G.U.T.
CAUSA 1				
Subcausa 1				
Subcausa 2				

MEIO AMBIENTE	G	U	T	G.U.T.
CAUSA 1				
Subcausa 1				
Subcausa 2				

MÉTODOS	G	U	T	G.U.T.
CAUSA 1				
Subcausa 1				
Subcausa 2				

Em sendo utilizada a ferramenta Microsoft Excel para diagramação e aplicação do GUT, o resultado depois poderá vir a ser classificado, facilitando a visualização, além disso poderá ser gerado um gráfico, ambos podendo ter a formatação abaixo:

GUT – Relatório

Empresa:

Endereço:

Bairro: CEP: Cidade: UF:

Email: Fone: Cel:

Administrador:

Email[1]: Email[2]:

Efeito:

	G.U.T.	PRIORIZAR	
MÃO DE OBRA		SIM	NÃO
CAUSA 1	**125**		
Subcausa 1	75		
Subcausa 2	60		
CAUSA 2	**100**		
Subcausa 1	95		
Subcausa 2	70		
CAUSA 3	**75**		
Subcausa 1	25		
Subcausa 2	12		

CATEGORIA: MÃO DE OBRA

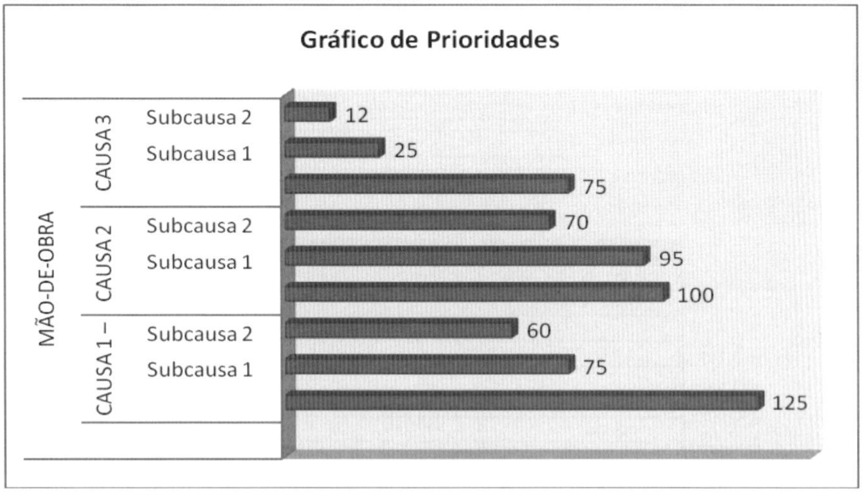

5.3.3 *BRAINSTORMING* (SUGESTÕES)

Uma vez estabelecido o objetivo, o efeito pretendido, conforme as opções 5.2.1, 5.2.2 e 5.2.3, é elaborado o Diagrama de Causa e Efeito, estabelecida a vinculação das subcausas, quando houver, às suas causas e estas às categorias. O Gráfico de GUT é proposto para estabelecer as prioridades.

De posse do Relatório e Gráfico GUT, é sugerido um *BRAINSTORMING*, desta vez adaptado para as categorias, as causas e as subcausas apresentadas no Diagrama de Causa e Efeito, estas já devidamente adaptadas ao GUT e escolhidas pelos critérios objetivos do GUT e subjetivos da diretoria.

Uma vez estabelecidas às prioridades, caberá, na do Gerenciamento de Resultados, buscar as raízes das subcausas e causas apresentadas e sugerir as ações a serem desenvolvidas com vista à consecução dos objetivos.

A técnica de sua aplicação, do *BRAINSTORMING*, também já foi vista, deve-se apenas estabelecer a forma de aplicação e inserir o que se pretende, buscando o EFEITO DESEJADO – este já definido quanto da aplicação do Teorema de Causa e Efeito – e da mesma forma deve-se sugerir os caminhos para alcançá-los.

Após a aplicação do GUT, para facilitar o entendimento por parte de quem terá acesso às informações trabalhadas, é sugerido o modelo de relatório a seguir, observando-se que as linhas "em branco" são as que devem ser utilizadas para colocação das ideias postas na dinâmica.

FORMULÁRIO DE *BRAINSTORMING*

Empresa:

Setor (se for o caso):

Usuário Master:

Grupo de Trabalho:

Efeito:

MÃO DE OBRA
CAUSA 1
Subcausa 1
Subcausa 2
CAUSA 2
Subcausa 1
Subcausa 2
CAUSA 3
Subcausa 1
Subcausa 2
MÁQUINAS
CAUSA 1
Subcausa 1
Subcausa 2
MATERIAL
CAUSA 1
Subcausa 1
Subcausa 2
MEDIDAS DE DESEMPENHO
CAUSA 1
Subcausa 1
Subcausa 2
MEIO AMBIENTE
CAUSA 1
Subcausa 1
Subcausa 2
MÉTODOS
CAUSA 1
Subcausa 1
Subcausa 2

5.3.4 - 5W2H

Em um processo, todas as ferramentas têm sua importância, no processo de Gerenciamento de Resultados não é diferente, todos também têm sua importância.

A ferramenta 5W2H, entretanto, assume na Gestão de Resultados relevância maior, em que será o instrumento que proporcionará, de fato, o gerenciamento dos resultados e a possibilidade de se repensar o planejamento, seja no todo, seja em parte, de modo que se preserve o interesse maior da empresa que é resolução de problema(s) ou melhoria de resultado(s).

O uso da ferramenta elimina dúvidas, torna o processo eficiente e eficaz, ágil e competitivo, mantendo a empresa em competente alerta e com mobilidade para fazer modificações quando necessárias.

Um detalhe é que, embora nessa proposta se esteja inserindo a ferramenta em um conjunto de outras, criando o processo de gestão, o 5W2H pode ser utilizado isoladamente, se não todo, em parte para, por exemplo, se catalogar e padronizar todas as receitas de um restaurante, com seus insumos e modo de preparar cada alimento.

Aqui é sugerido um modelo de formulário para utilização da ferramenta, cujo modelo será apresentado a seguir:

Empresa:

Setor (se for o caso):

Usuário Master:

Grupo de Trabalho:

Efeito:(1)

Atividade:(2)

O Quê? (Tarefa):

Porquê:

Onde será feito:

Quando?(3)

DATAS PREVISTAS		DATAS REALIZADAS	
INÍCIO	CONCLUSÃO	INÍCIO	CONCLUSÃO

Quem fará?(4)

Como será feito(5) **(método)**

MÉTODO	PERIODICIDADE

Quanto custará?(6)

(1) O "EFEITO" é o que se busca. Como se tem por objetivo o Gerenciamento de Resultados, o "EFEITO" é o resultado esperado, seja a resolução de um problema, seja uma melhoria (recebe esse nome porque utilizamos a ferramenta de CAUSA e EFEITO).

(2) ATIVIDADE é o que tem que ser feito para que se atinja o objetivo. A atividade é composta de várias tarefas. Depois de concluídas todas as tarefas ligadas a uma atividade, esta deverá cumprir sua parte no processo. Concluídas todas as atividades com sucesso, o objetivo esperado, o EFEITO, deverá ter sido atingido.

(3) Para que se realize uma meta, se faz necessário o estabelecimento de prazo, de datas, para o seu cumprimento, assim, após analisadas todas as variáveis, é importante se estabelecer as datas e cumpri-las, de modo a não prejudicar o processo como um todo.

(4) Para toda atividade, deverá ser designado um responsável e esta pessoa, seja no âmbito de execução, supervisão, gerência, seja no de direção, assume os riscos do processo. Assim, é importante que o responsável tome parte em todo o processo aqui proposto.

(5) Aqui serão definidos os métodos, ou seja, os procedimentos que serão adotados, na sequência de sua execução para, ao final, do último passo, a tarefa estar concluída.

(6) O "Quanto Custa" será uma resposta a ser transcrita do Plano de Negócios, se for o caso. Mesmo não se tratando de Plano de Negócios, o processo de gerenciamento em implantação deverá ter um custo e esse custo deverá ser considerado até mesmo para análise da relação custo-benefício. O que há de se observar é que o conhecimento deste item poderá ficar restrito à diretoria.

OBSERVAÇÕES:

1. Embora a proposta seja trabalhar com as sete respostas da ferramenta, há situações em que algumas não precisam ser respondidas, como, por exemplo:
   a) NORMATIZAÇÃO DE CARDÁPIO: do conjunto de sete respostas, poderão ser respondidas apenas três, sem prejuízo de se responder mais algumas ou todas, a depender da situação:
      i O QUÊ? NOME DO PRATO.
      ii COMO SERÁ FEITO? INSUMOS E MODO DE PREPARO.
      iii QUEM FARÁ? NOME DO CONZINHEIRO OU RESPONSÁVEL PELA COZINHA
   b) GESTÃO DE RESULTADOS com base em uma AAP – Análise e Acompanhamento de Processos. Se o processo já existe, as respostas já estão postas, o que poderá haver é mudança ou exclusão de uma ou outra ou de algumas.
2. Os formulários devem ser arquivados por ordem de EFEITO DESEJADO, dentro dessa ordem, aplicar a ORDEM de ATIVIDADE, dentro de atividade a ordem de O QUÊ. Para facilitar e com o objetivo de criar um manual de procedimentos para a empresa, fica a sugestão de numerar e subnumerar os itens, obedecendo sempre a ordem EFEITO, ATIVIDADE, e O QUE (TAREFA)
3. Ao implantar o 5W2H, observe:
   a) Analise a aplicação para evitar efeitos colaterais.
   b) Trate as causas, não os efeitos.
   c) A proposta final deve passar por análise de mais de uma alternativa, para que se aplique a mais viável, buscando, na relação custo x benefício, mais eficácia.

Como dito, o 5W2H é uma ferramenta de gestão e, na condição de ferramenta, para que atinja o resultado esperado, se faz necessário que seja manipulada a ferramenta sozinha.

A manipulação dessa ferramenta, como instrumento da Gestão de Resultados, se dá pelo acompanhamento permanente da tendência do resultado esperado.

Ao se acompanhar a tendência, é possível rever atitudes e procedimentos ou mesmo o planejamento como um todo, até mesmo alterando o efeito esperado, de modo que mesmo se revelando inadequado o que fora planejado, se possa, a tempo, mudar os planos preservando-se os maiores interesses da organização.

Ao se deixar a verificação para o prazo final previsto no planejamento, não há que se falar em Gestão de Resultados e sim em mera constatação, o que pode levar a finais desastrosos.

A seguir, temos um fluxograma de um processo de Gerenciamento de Resultados mediante utilização da ferramenta 5W2H:

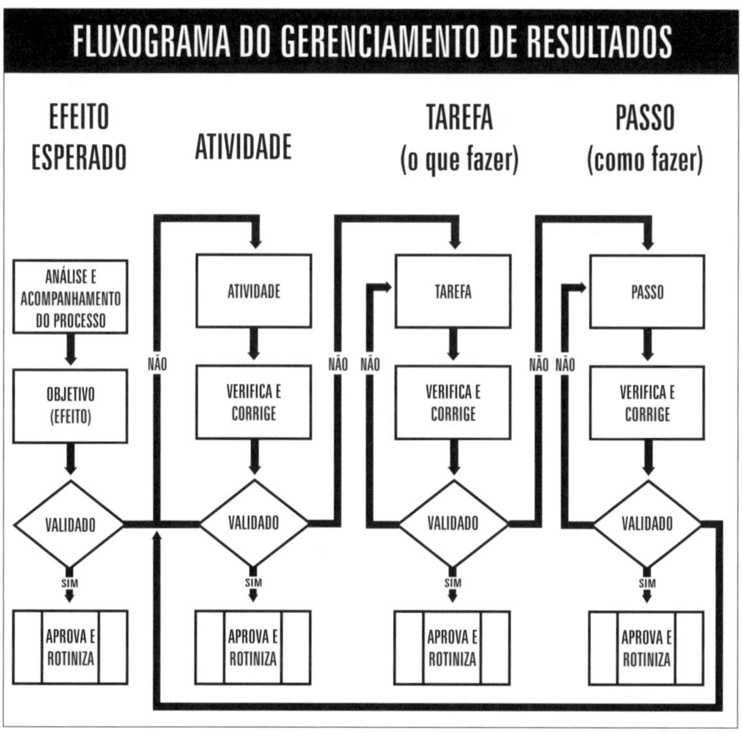

5.3.5 GRÁFICO DE GANTT

Criar o Gráfico de Gantt não é uma tarefa difícil, para projetos de porte pequeno, se pode, por exemplo, executa-lo por meio dos programas Microsolft Visio ou Excel. Sendo pelo Excel, pode ser orientado pelo *site*: <http://www.baixaki.com.br/tecnologia/826-excel-criando-graficos-de-gantt.htm>, que recomenda, inclusive, a utilização de programas específicos quando se tratar de projetos mais expressivos.

Como apresentado no capítulo 4 "Ferramentas", a visualização do Gráfico de Gantt tem a seguinte formatação:

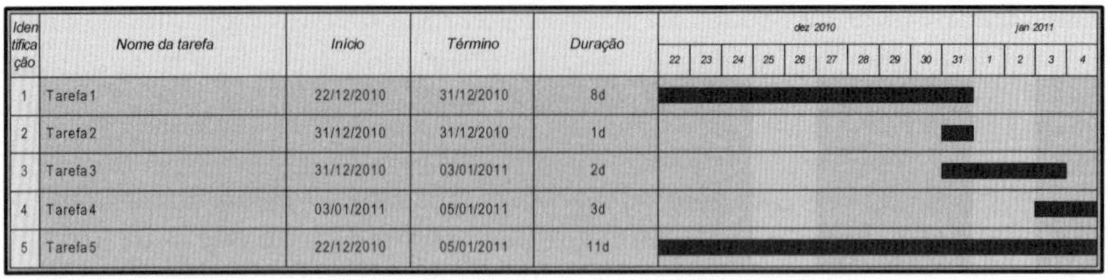

5.3.6 AVALIAÇÃO

Quando o tema Plano de Negócios foi tratado, no capítulo ferramentas foi tratada também a sua avaliação. A ferramenta de avaliação é parte integrante tanto do Plano de Negócios quanto do Gerenciamento de Resultados, em ambos os casos, no tocante à verificação da tendência e ao resultado final esperado.

A Gestão de Resultados, como um todo, além da avaliação do Plano de Negócios, quando é o caso, avalia também outros aspectos, notadamente quanto ao 5W2H, visto que é esta ferramenta quem apresenta os caminhos para se chegar aos objetivos, aos efeitos esperados.

O modelo de avaliação sugerido é versátil, pois embora apresente uma formatação única poderá ser customizado, levando-se em consideração cada caso em particular. Com o modelo sugerido, a empresa poderá avaliar tanto um processo quanto os responsáveis pela sua execução.

No modelo, haverá a identificação do que se quer avaliar, como, por exemplo: procedimentos definidos no 5W2H, funcionário/função ou fornecedor/segmento ou gestor/segmento de atuação etc.

Uma correta avaliação de procedimentos, resultados, fornecedores, empregados, prestadores de serviços etc. com certeza levará seu empreendimento à excelência, atingindo e até superando o desempenho que se espera da empresa no mercado ou mesmo melhorando substancialmente o desempenho de seus colaboradores.

O formulário para avaliação da Gestão de Resultados deverá ter a seguinte formatação:

Empresa:

Avaliador: (1)

Avaliador: (2)

Data Limite de Preenchimento:

ITENS	1	2	3	4	5	OBSERVAÇÕES
EFEITO (3)						
ATIVIDADE (4)						
O QUÊ? (5)						
POR QUÊ? (6)						
ONDE? (7)						
QUANDO? (8)						
QUEM? (9)						
MÉTODOS						
COMO? SINTÉTICO (10) PERIODICIDADE						
MÉTODOS						
COMO? ANALÍTICO (11) PERIODICIDADE						

AVALIADOR		
CONCORDA	SIM ☐	NÃO ☐

CIÊNCIAS DO AVALIADOR E DO SUPERIOR IMEDIATO DO AVALIADOR

COMENTÁRIOS
Local e Data:
Assinatura:

Avaliador:
Local e Data:
Assinatura:

Avaliador:
Local e Data:
Assinatura:

1. AVALIADOR – é a pessoa diretamente responsável pela coordenação das atividades que levam ao EFEITO desejado.
2. AVALIADO – é o responsável pela execução da ATIVIDADE ou TAREFA (O QUE) objeto da avaliação.
3. EFEITO – deve ser pontuado, conforme tabela a seguir, indicando a possibilidade de atingir o objetivo desejado, evidenciando a tendência.
4. ATIVIDADE – a pontuação da atividade deve levar em consideração a possibilidade de cumprimento de todas as tarefas. Não há de se pontuar uma atividade como concluída quando há possibilidade de não cumprimento de tarefas.
5. O QUÊ? – semelhante à atividade. Pontuar conforme possibilidade de cumprimento de todos os passos (COMO) designados para esse fim. Na hipótese de cumprimento da tarefa sem que tenha sido cumprido um ou mais dos passos (o como), o fato deve ser objeto de registro para ser (em) eliminados, de modo a simplificar o processo.
6. O POR QUÊ – a pontuação deve ser estabelecida em função da coerência da justificativa com a atividade.
7. ONDE – a pontuação deve ser colocada levando em consideração a conveniência do local de execução das tarefas (atividade).
8. QUANDO – aqui a pontuação levará em consideração a data de início, se avaliação intermediária e as datas de início e final se concluída.
9. QUEM – a pontuação aqui estará diretamente ligada ao desempenho de suas atribuições e deve guardar coerência com todos os fatores da avaliação. É conveniente que seja respondido por último.
10. COMO? (SINTÉTICO) – a pontuação deste item se dará levando em consideração a execução do conjunto de passos necessários à conclusão da tarefa, serão avaliados os métodos e a periodicidade do conjunto de passos.
11. COMO? (ANALÍTICO) – a pontuação deste item se dará levando em consideração a execução de cada um dos passos necessários à conclusão da tarefa, no que se refere a métodos e periodicidade dos passos. Para

este fim, os passos deverão ser descritos um a um no formulário de avaliação.

12. QUANTO? - uma vez disponibilizada a informação em âmbito de planejamento, esta deve ser avaliada, considerando a relação custo-benefício, ou seja, quanto custou o projeto e quais valores dos benefícios que gerou, tanto em valores reais, quanto em valores relativos e agregados.

OBSERVAÇÕES:

Para fins de pontuação da avaliação, devem ser considerados os escores a seguir:

1. Não atingiu.
2. Atingiu em parte.
3. Atingiu plenamente.
4. Superou em parte.
5. Superou bastante.

Em havendo mais de uma avaliação para a mesma atividade ou tarefa, os resultados deverão ser somados e extraídos a média, essa média servirá para alimentar um relatório final que deverá capear os anteriores.

O avaliado ou o responsável pelo que deve ser avaliado poderá/deverá vir a ser convidado a conversar sobre sua avaliação, podendo, mediante suas ponderações, o escore classificatório sofrer alteração (ou não).

O período avaliativo deve ser de um ano ou aplicável a cada etapa concluída do planejamento, fase 5W2H. Entretanto, ao longo do período, pode haver avaliações intermediárias, e o período intermediário deve ser trimestral, podendo, a critério de quem toma a decisão, vir a ser semestral ou até mesmo não haver o período intermediário, adotando-se uma só avaliação anual, observando se o procedimento atingiu resultados práticos.

Nas avaliações intermediárias, deverão ser objeto de pontuação apenas os itens que mereçam escore superior ou inferior a "3". Para os demais itens, o sistema assumirá essa pontuação, tornando o processo mais produtivo.

Assim como nas anteriores, o avaliador e o avaliado terão oportunidade de apresentarem suas ponderações.

Por fim, a pessoa responsável pela decisão final poderá fazer ou não comentários, determinar ou não uma atitude ou decisão ou simplesmente apor seu visto e comandar o arquivamento.

As avaliações deverão:

a. Ser elaboradas por empresa, dentro de empresa por segmento/setor.
b. Ser elaboradas por empregado/setor/ação/procedimento.
c. O período a que se refere deve ser estabelecido quando da sua implantação.
d. Cada um dos períodos, intermediários ou final, tem data para ser concluído.
e. Após data estabelecida para conclusão, o sistema não deverá aceitar modificações.

5.3.7 VALIDAÇÃO E SISTEMATIZAÇÃO

Validar um procedimento é considerá-lo como útil, eficiente e eficaz, pois os resultados que produz atingiram ou atingem o desempenho esperado. Validar um procedimento e sistematizá-lo é torná-lo padrão, é fazer dele uma norma a ser seguida dentro da empresa, a partir do momento da validação, da sistematização e da normatização.

Validar, sistematizar e normatizar um procedimento não garante por si só o resultado satisfatório de um empreendimento ou mesmo de um produto ou serviço disponibilizado. Validar, sistematizar e normatizar um procedimento é a certeza de que aquele procedimento poderá e deverá ser mudado mais rápido do que se possa imaginar.

O mercado, a concorrência, a empresa, a administração, os funcionários, o planejamento, o Plano de Ação etc. são dinâmicos, e esta condição não permite ficar no conformismo.

Validação, sistematização e normatização são procedimentos que permitem a aplicação da AAP – Análise e Acompanhamento dos Processos –, instrumento que garante eterna busca da melhoria contínua e um permanente Gerenciamento de Resultados.

A postura que irá resolver problemas, proporcionar o cumprimento de metas, organizar sua empresa e mantê-la em constante competitividade no mercado é o Gerenciamento de Resultados que poderá começar a ser feito por aqui.

Como dito, o Gerenciamento de Resultados embora possa ser usado com moderação não é recomendável que o faça.

6. BIBLIOGRAFIA

SENAI. DN/RJ. Método e Ferramentas da Qualidade. Rio de Janeiro: SENAI-DR/SP, 1999.

BRASSARD, Michael. Qualidade: ferramentas para uma melhoria contínua. QUALITYMARK -Rio de Janeiro, 1996

VIEIRA, Sônia; WADA, Ronaldo. As 7 ferramentas estatística para o controle de qualidade. QA&T Consultores Associados Ltda . Brasília: 1991.

WERKEMA, Maria Cristina Catarino. As ferramentas da qualidade no gerenciamento de processos .

FALCONI, Vicente Falconi Campos. Gerenciamento da rotina do trabalho do dia-a-dia. - INDG - Tecnologia e Serviços. Nova Lima, MG: 2004.

OSTERWALDER, A.; PIGNEUR, Y. Business Model Generation. London: Wiley John & Sons, 2010.

Sites:
<http://www.pt.wikepedia.org.wiki/brainstorming>
<http://www.scn.org/mpfc/modules/brn-stop.htm>

7. APÊNDICE - PLANO DE NEGÓCIOS - FORMULÁRIOS

MODELO CANVAS DE NEGÓCIOS – formulários

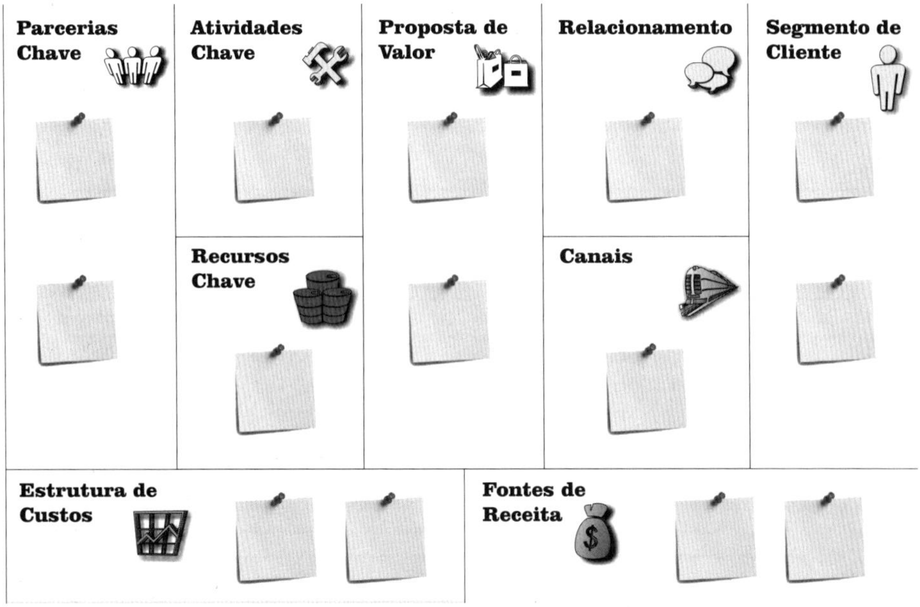

1 - SUMÁRIO EXECUTIVO

1.1 - DESCRIÇÃO DAS INFORMAÇÕES E ASPECTOS IMPORTANTES DO PLANEJAMENTO:

1.2 - PERSPECTIVAS DE RESULTADOS - Descrição e Valores (R$, %, meses):

a) LUCRATIVIDADE	%	
b) RENTABILIDADE	%	
c) PRAZO DE RETORNO	mm	
d) PONTO DE EQUILIBRIO (PE)	R$	

2 - APRESENTAÇÃO DA EMPRESA

2.1 - DADOS INICIAIS

Nome da Empresa:

Endereço:

Bairro: CEP: Cidade: UF:

Email: Fone: (1) Fone: (2)

2.2 - CREDOS BÁSICOS

2.2.1 - Negócio

2.2.2 - Missão

2.2.3 - Visão de Futuro

2.3 - FORMA JURÍDICA

SOCIEDADE EMPRESARIAL, SOCIEDADE SIMPLES, EMPRESÁRIO E OUTROS

2.4 - ENQUADRAMENTO TRIBUTÁRIO

2.4.1 - Federal

Identificar o tipo de regime:

[ ] REGIME SIMPLES ou
[ ] REGIME NORMAL (IRJP, PIS, COFINS E CSLL)

2.4.2 - Estadual

Identificar o tipo de regime:

[ ] SIMPLES ou
[ ] ICMS

2.4.2 - Municipal

Identificar o tipo de regime:

[ ] SIMPLES ou
[ ] ISS

2.5 - COMPOSIÇÃO DO CAPITAL SOCIAL

NOME DO SÓCIO	% PARTICIPAÇÃO	
	R$	%
SÓCIO 1		
SÓCIO 2		
SÓCIO 3		
TOTAL		100

2.6 - SÓCIO OU DIRETORES

2.6.1 - Sócio ou Diretor 1

Nome:

Endereço:

Bairro: CEP: Cidade:

Email: Fone: Cel:

Currículo Sucinto

Atribuições a serem desempenhadas

2.6.2 - Sócio ou Diretor 2

Nome:

Endereço:

Bairro: CEP: Cidade:

Email: Fone: Cel:

Currículo Sucinto

Atribuições a serem desempenhadas

2.7 - ORGANOGRAMA DA EMPRESA

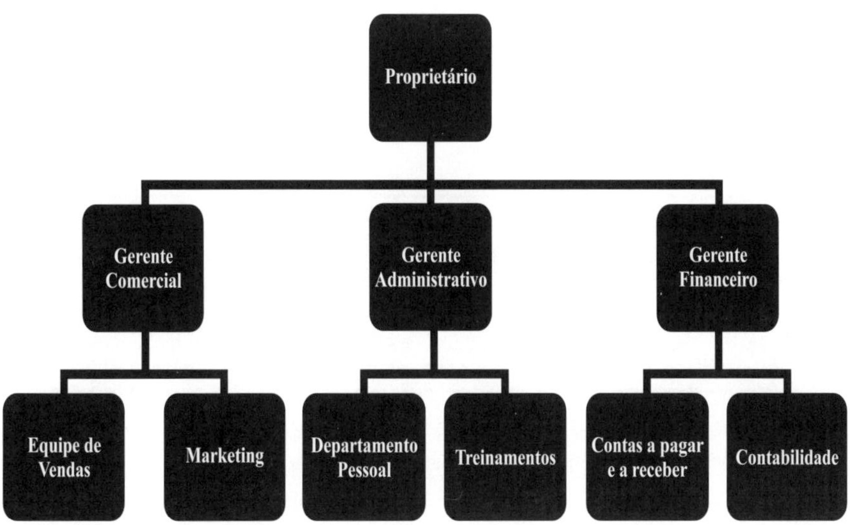

3 - HISTÓRICO FINANCEIRO

3.1 - DA EMPRESA

DA EMPRESA	ANO 1	ANO 1	ANO 1	MÉDIA
Faturamento				
Lucro				

3.2 - POR PRODUTOS

DA EMPRESA	ANO 1	ANO 1	ANO 1	MÉDIA
Faturamento				
Lucro				

4 - PRODUTOS E/OU SERVIÇOS (Listar em ordem decrescente de importância)

4.1 - ATUAIS

4.2 - NOVOS PRODUTOS E/OU SERVIÇOS

Previsão de lançamento para os próximos 12 meses:

Qual potencial de vendas para a empresa em relação a esses novos produtos/serviços?

Público Alvo (perfil dos clientes):

Área de Abrangência – localização geográfica dos cliente:

Estratégias Promocionais (meios de promoção e divulgação):

5 - AMBIENTE e TENDÊNCIAS (observar pesquisas e referencias de mercado)

5.1 - POLÍTICA, ECONOMIA, ASPECTOS SOCIAIS E CULTURAIS

5.2 - TECNOLOGIA

5.3 - FORNECEDORES e DISTRIBUIDORES

5.4 - CLIENTES

6 - ANÁLISE SWOT

6.1 - ANÁLISE INTERNA

DIAGNÓSTICO:	DATA:
AMBIENTE INTERNO	
ONDE ESTAMOS?	COMO ATUAMOS?

PONTOS FORTES	PONTOS FRACOS

6.2 - ANÁLISE EXTERNA

DIAGNÓSTICO:	DATA:
AMBIENTE EXTERNO	
ONDE ESTAMOS?	COMO ATUAMOS?

OPORTUNIDADES	AMEAÇAS

6.3 - ANÁLISE NEGOCIAL

DIAGNÓSTICO:	DATA:
AMBIENTE NEGOCIAL	
ONDE ESTAMOS?	COMO ATUAMOS?

CLIENTES ATUAIS	NECESSIDADES E PRODUTOS

CLIENTES POTENCIAIS	NECESSIDADES E PRODUTOS

6.4 - CONCORRÊNCIA

DIAGNÓSTICO:	DATA:
CONCORRÊNCIA	
ONDE ESTAMOS?	COMO ATUAMOS?

PONTOS FORTES	PONTOS FRACOS

OPORTUNIDADES	AMEAÇAS

7 - RECURSOS HUMANOS

7.1 - PRINCIPAIS EXECUTIVOS E SUAS EXPERIÊNCIAS

7.2 - NECESSIDADE DE PESSOAL

CARGO OU FUNÇÃO	QUALIFICAÇÃO DESEJADA

8 - MACRO-ESTRATÉGICA

8.1 - METAS PARA OS PRÓXIMOS 3 (TRÊS) ANOS

8.1.1 - Faturamento

ANO I	ANO II	ANO III

8.1.2 - Número de Funcionários

ANO I	ANO II	ANO III

8.1.3 - Número de Produtos ou Serviços

ANO I	ANO II	ANO III

8.1.4 - Número de Clientes

ANO I	ANO II	ANO III

8.1.4 - Lucratividade

ANO I	ANO II	ANO III

8.1.5 - Custo Fixo

ANO I	ANO II	ANO III

9 - ESTRATÉGIAS DE MARKETING

9.1 - PRODUTOS

9.2 - PREÇOS

9.3 - PRAÇA

9.4 - PROMOÇÃO

9.5 - CLIENTES

9.6 - FORNECEDORES OU DISTRIBUIDORES

9.7 - CONCORRENTES

9.8 - VENDAS

10 - FINANCEIRO

10.1 - INVESTIMENTOS FIXOS

a) Máquinas e Equipamentos

DESCRIÇÃO	QTDE	VALORES	
		UNITÁRIO	TOTAL
SOMA			

b) Móveis e Utensílios

DESCRIÇÃO	QTDE	VALORES	
		UNITÁRIO	TOTAL
SOMA			

c) Veículos

DESCRIÇÃO	QTDE	VALORES	
		UNITÁRIO	TOTAL
SOMA			

TOTAL DOS INVESTIMENTOS FIXOS "a", "b" e "c"	

10.2 - INVESTIMENTOS FINANCEIROS

a) Estoque Inicial

DESCRIÇÃO	QTDE	VALORES	
		UNITÁRIO	TOTAL
SOMA			

b) Capital de Giro

DESCRIÇÃO	TOTAL
Cobertura de Custos	

TOTAL DOS INVESTIMENTOS FINANCEIROS "a" e "b"	

10.3 - INVESTIMENTOS PRÉ-OPERACIONAIS

DESCRIÇÃO	TOTAL
Abertura da Empresa	
Obras e Reformas	
Publicidade e Propaganda	
Formação de Pessoal	
Outras	

SOMA	

10.4 - INVESTIMENTOS PREVISTOS TOTAL

SOMA DOS INVESTIMENTOS 10.2, 10.2 E 10.3	

10.5 - EXPECTATIVAS DE FATURAMENTO MENSAL (estimativas)

DESCRIÇÃO (produtos os serviços)	QTDE	VALORES	
		UNITÁRIO	TOTAL
SOMA			

10.6 - ESTIMATIVAS DE CUSTOS COM MATÉRIA-PRIMA E INSUMOS

a) Produto 1

MATÉRIA PRIMA / INSUMO	QTDE	VALORES	
		UNITÁRIO	TOTAL
SOMA			

b) Produto 2

MATÉRIA PRIMA / INSUMO	QTDE	VALORES	
		UNITÁRIO	TOTAL
SOMA			

10.7 - ESTIMATIVA DE CUSTO DOS PRODUTOS OU SERVIÇOS VENDIDOS

PRODUTO OU SERVIÇO	QTDE DE VENDAS		CUSTO UNIT. PROD. VENDIDO	CPV ou CSV
		X		
		X		
		X		
		X		
SOMA				

10.8 - ESTIMATIVA DE CUSTO DE COMERCIALIZAÇÃO

DESCRIÇÃO	PERCENTUAL		CUSTO UNIT. PROD. VENDIDO	CPV ou CSV
SIMPLES		X		
IR		X		
PIS		X		
COFINS		X		
CONTRIBUIÇÃO SOCIAL		X		
ICMS		X		
ISS		X		

COMISSÕES		X		
FRETE		X		
PROPAGANDA		X		
JUROS MERCANTIS		X		
JUROS BANCÁRIOS		X	.	
SOMA				

10.9 - ESTIMATIVA DE CUSTO DE MÃO-DE-OBRA

FUNÇÃO	NÚMERO DE COLABORADORES		SALÁRIO MENSAL	TOTAL
		X		
		X		
		X		
		X		
		X		
TOTAL DOS SALÁRIOS				
ENCARGOS SOCIAIS %				
ESTIMATIVA TOTAL DE CUSTO DE MÃO DE OBRA				

10.10 - ESTIMATIVA DE DEPRECIAÇÃO

ATIVOS FIXOS	VALOR DO BEM		VIDA ÚTIL (em anos)		DEPRECIAÇÃO ANUAL - $		DEPRECIAÇÃO MENSAL - $
"a" Máquinas e Equipamentos		/		=		/ 12	
"b" Móveis e Utensílios		/		=		/ 12	
"c" Veículos		/		=		/ 12	
ESTIMATIVA DE DEPRECIAÇÃO TOTAL MENSAL							

10.11 - CUSTOS FIXOS MENSAIS PREVISTOS

CUSTOS FIXOS	VALORES
Aluguel	
Condomínio	
Fundo de Promoção	
Água	
Luz	
Telefone	
Gás	
Combustível	
Honorários do Contador	
Pró-Labore	
Manutenção	
Material de Expediente	
Material de Limpeza	
Taxas Diversas	
Salários (valor do ítem 10.9)	
Depreciação (valor do ítem 10.10)	
Outros Custos	
TOTAL DOS CUSTOS FIXOS	